MULTI COSMOS

M

PABLO C. REYNA

MULTICOSMOS

AVENTURAS VIRTUALES A PICO Y PALA

Ilustraciones de
Luján Fernández

montena

El papel utilizado para la impresión de este libro ha sido fabricado a partir de madera procedente de bosques y plantaciones gestionadas con los más altos estándares ambientales, garantizando una explotación de los recursos sostenible con el medio ambiente y beneficiosa para las personas. Por este motivo, Greenpeace acredita que este libro cumple los requisitos ambientales y sociales necesarios para ser considerado un libro «amigo de los bosques». El proyecto «Libros amigos de los bosques» promueve la conservación y el uso sostenible de los bosques, en especial de los Bosques Primarios, los últimos bosques vírgenes del planeta.

Primera edición: abril de 2016

© 2016, Pablo C. Reyna
www.pablocreyna.com
© 2016, Penguin Random House Grupo Editorial, S. A. U.
Travessera de Gràcia, 47-49. 08021 Barcelona
© 2016, Luján Fernández, por las ilustraciones

Printed in Spain – Impreso en España

ISBN: 978-84-9043-573-1
Depósito legal: B-3.506-2016

Compuesto en Compaginem Llibres, S. L.
Impreso en Huertas
Fuenlabrada (Madrid)

GT 3 5 7 3 1

Penguin
Random House
Grupo Editorial

*Para Vito, que trajo la magia
antes que los Masters la soñasen*

‹Una fase de muerte›

Odio cuando un pirata espacial me lanza una piraña por la espalda.

—¡Repíxeles! —grito a mi montura—. ¡Mete el turbo, que nos pillan!

Después de diez interminables minutos de persecución y cañonazos, conseguimos dejarlos atrás justo a tiempo. A mi espalda resuenan las amenazas inútiles de los corsarios. ¡Ja, *pringaos*!

¡Menuda carrera! Nos hemos librado de sus proyectiles por los pelos (o por las *plumas*, mejor dicho, porque vuelo a lomos de un caballo volador). No es que quiera presumir, pero últimamente estoy en racha en MultiCosmos: he superado treinta niveles de este planeta, mi avatar todavía tiene ❤❤❤♡♡ de vida y estoy a punto de alcanzar el Valle de la Muerte, en el corazón del País de la Muerte, donde está escondida la Copa de la Muerte (claro, no iba a ser la Copa de la Vida). Le doy una palmadita en las alas a mi caballo para comenzar el descenso.

+150 PExp

Pero algo va mal, muy mal, porque mi pegaso empieza a caer en picado y sin control. De pronto advierto que tiene una flecha clavada en una de sus patas traseras. ¡OMG! ¡Le ha alcanzado un proyectil! Esto se pone feo. Nos precipitamos cada vez más deprisa, y si no se me ocurre algo pronto, en cero coma nos convertiremos en papilla. Tengo que pensar, y rápido. Meto la mano en mi mochila, saco el báculo mágico y dibujo una espiral en el aire.

¡Uf, casi no lo cuento! Menos mal que el hechizo de nube ha amortiguado la caída a tiempo. Mi montura, en cambio, está tiesa como un alambre: el veneno de la flecha ha hecho efecto y ahora mismo duerme como un lirón. (Bueno, espero que *sólo* duerma... No soy veterinario mágico.) Ya volveré más tarde a por él, pero ahora no puedo quedarme quieto. Estoy casi en la fase final de este micromundo virtual y no quiero morir justo cuando estoy tocando el trofeo con la punta de los dedos. Alex va a flipar cuando lo vea.

Y de pronto, ¡ahí está! La Copa de la Muerte me espera encima de un pedestal de piedra colocado en el centro del valle, a menos de treinta millapíxeles de distancia. Miro a izquierda y a derecha. Miro en todas direcciones en busca de Mobs enemigos..., pero el Valle está *siniestramente* tranquilo. No hay ni un alma. Y eso es lo peor que puede ocurrir, porque es muy raro que la fase final de un planeta de la categoría Bastante-Peligroso no tenga por lo menos un monstruo con dientes de acero. Sin embargo, todo lo que veo es un valle bastante normal, con un cielo normal, flores silvestres normales y un riachuelo normal; esto me huele a chamusquina. Me acerco de puntillas al pedestal, no sea que despierte al monstruo. Estoy a punto de tocar la Copa de la Muerte cuando...

¡¡¡Crac!!! El suelo se abre delante de mí.

Genial: la Copa de la Muerte se ha escurrido de mis manos en el último segundo, y en medio del valle surge una grieta de la que empiezan a centellear ojos. Esto se pone chungo. Sólo espero que no sean dinosaurios.

¡Bingo! *Son dinosaurios.* Peor todavía, son dinosaurios zombis.

Un velocirráptor zombi no tarda ni dos segundos en saltar del agujero y morder mi báculo hasta convertirlo en astillas. ¡Maldición! No había terminado de pagarlo... Sin tiempo que perder, saco la daga del cinto y me pongo a repartir leña. ¡Zas, zas, zas! Consigo eliminar al primero de tres golpes.

+10 PExp

Y engaño al segundo como a un perrito para que salte de regreso a la grieta. El problema es que para ello he tenido que lanzarle la daga como una pelota y no me quedan más armas en el inventario. Ahora sí que la he liado. Los otros tres velocirraptores zombi me rodean. Van a chuparme el cerebro como la cabeza de una gamba.

‹Confiscado›

—¡¿Otra vez con el móvil en clase?!

Error; la profesora Menisco me ha pillado in fraganti. Posa su enorme nariz sobre el hombro, como si oliese el miedo, y su mano huesuda vuela como un ave de presa hasta el cajón de mi pupitre. Enseguida se hace con el móvil que he intentado esconder. Demasiado tarde.

—Le prometo que no lo estaba usando —miento. Siento todas las miradas de mis compañeros clavadas en mí, y un montón de cuchicheos. Quiero que me trague la tierra... Con una grieta como la del Valle de la Muerte me valdría.

—Llevo observándolo un rato y no ha despegado los ojos de la pantalla. ¿Es que me toma por idiota?

—Bueno, vale, lo estaba usando, pero era para recordarle a mi abuelo que se tome la medicación —digo con tono angelical. Mis compañeros se ríen de mí y escucho un «pardillo» al final del aula—. Es que nunca se acuerda de tomarse la pastilla de la memoria.

—Sí, claro, y pensaba avisar a su abuelo con un tuit —responde la profesora Menisco, quien, a pesar de tener más años que Matusalén, se maneja tan bien con los móviles que es la reina de *Candy Crush* en la sala de profesores. Enseguida advierte que estoy conectado a MultiCosmos, el videojuego social más flipante del universo (virtual), y frunce el ceño—. Esto me lo quedo yo hasta nueva orden.

—Pero ¡profesora!

—Ni peros ni peras.

La profesora Menisco guarda mi móvil en su rebeca de lana (hace un día muy bueno, pero su cuerpo conserva la temperatura de la Glaciación; le da nostalgia) justo cuando suena el timbre que avisa del final de las clases. Sé que la profesora es inmune a los ruegos, así que descuelgo mi mochila de la percha y salgo del aula con un humor de perros. ¡Estaba a punto de hacerme con la Copa de la Muerte! Eso son por lo menos tropemil Puntos de Experiencia. Daría cualquier cosa por esos PExp; con ese trofeo dejaría de ser un Cosmic de pacotilla y mis rivales empezarían a tomarme en serio.

Varios compañeros me dan codazos al pasar por mi lado. Recibo otro mientras camino por el pasillo refunfuñando, y estoy a punto de responder cuando descubro que es Alex, mi mejor amiga. Va a la misma clase que yo, pero los profesores no la obligan a sentarse en primera fila.

—¿Estabas conectado a MultiCosmos? —me pregunta asombrada. Ni que hubiese manchado la *Mona Lisa* con kétchup.

—Casi consigo la Copa de la Muerte. —Alex asiente comprensiva. Ella también es una Cosmic, como nos autodenominamos los jugones de MultiCosmos—. ¡Tres días! ¡He necesitado tres días para superar todos los niveles del planeta, y hasta he perdido a mi pegaso por el camino! Y todo para nada.

—No es el fin del mundo —me consuela mi amiga—. Piensa que ahora estarás más preparado para volver a superar todos los niveles.

—Explícale eso a mi abuelo —respondo cabizbajo. Como mis padres no me dejan tener teléfono móvil, tomo el suyo prestado. Es el Yayomóvil; el chiste se le ocurrió a él, lo prometo—. Primero me matan en MultiCosmos y después en la vida real. Menos mal que mi abuelo no tiene tantos dientes como un velocirráptor.

\<Un anuncio en el tablón\>

Alex y yo vivimos en la misma calle y siempre hacemos el camino de vuelta a casa juntos. Normalmente pasamos el rato batiéndonos en duelo en MultiCosmos, pero como la profesora Menisco ha secuestrado el móvil del abuelo, ahora mi amiga es la única que se puede conectar a la red.

Tengo que añadir que Alex es un pelín responsable. Bueno, *bastante*. Es tan responsable que no enciende el móvil hasta que suena la campana, y por eso siempre se encuentra con un montón de mensajes y alertas en su buzón. Por eso y porque ella es Amaz∞na, uno de los usuarios más populares del mundo virtual TeenWorld. Tiene más de ciento cuarenta mil seguidores en su canal de vídeos, donde retransmite sus aventuras en paisajes virtuales y da consejos para sobrevivir en micromundos de riesgo sin recurrir a los mamporros. Si sus seguidores supiesen que pertenece al grupo scout de Las Mangostas Glotonas, que usa *brackets* y que los martes y jueves va a ballet, fliparían en colores, pero son las ventajas de la red: el único parecido físico entre Alex y su avatar es la trenza, que a ambas les llega a la altura de la cintura. Lo peor de todo (para mí) es que mi amiga no se conecta más de una hora al día, y aun así me barre en cada categoría. Yo dedico mucho más tiempo a MultiCosmos y no tengo ni la mitad de Puntos de Experiencia que ella.

—¿Has visto el último vídeo de ElMorenus? —le pregunto para que me preste atención. ¡No es justo que ella tenga móvil y yo no!—. Cuenta sus Cincuenta Secretos Más Inconfesables. ¡Un flipe total!

—Si los cuenta en un vídeo, no serán inconfesables, animalito.

Me quedo pensando un segundo. Quizá tenga razón.

—... y la cosecha de maíz ya está a punto. Como las vacas se hayan atrevido a comérsela... Oye, ¿me prestas tu móvil un momento?

Pero Alex no me hace ni caso. Ha puesto la misma cara de concentración que cuando repasa un examen y empieza a murmurar entre dientes cosas sin sentido.

—No me lo puedo creer...

—¿Que tengo la cosecha a punto? Si tú misma me regalaste el abono. Te sobró de la cosecha ante...

—¡Calla! ¡Mira esto! —Entonces Alex se vuelve definitivamente loca y da saltitos de canguro borracho. Me pone la pantalla de móvil en las narices, abierta por la página principal de MultiCosmos. Ahí es donde los Masters (o sea, los jefazos totales) cuelgan los anuncios más importantes, esos que no se producen más que una vez cada varios años—. ¡¡¡Léelo!!!

ATENCIÓN
¡MÁS ATENCIÓN TODAVÍA!

Los cinco Masters de MultiCosmos se complacen en anunciar la mayor competición de la historia, un reto exclusivo para los Cosmics más valientes, experimentados y temerarios de la red: la búsqueda del Tridente de Diamante, el tesoro más valioso jamás escondido, el arma que convertirá en invencible a su poseedor.

El trofeo está partido en tres partes escondidas en rincones secretos de MultiCosmos. El avatar que se haga con ellas recibirá automáticamente UN MILLÓN de Puntos de Experiencia (1000000 PExp), además del arma imbatible y una réplica real del Tridente de Diamante*. La competición comienza a medianoche.

*Valor sujeto a precio de mercado

—¿Ya está? ¿No dice nada más? —Muevo el tablón de arriba abajo, pero ése es todo el anuncio.

—¡Tenemos que hacernos con esa arma! —grita histérica Alex. Cuando se pone así me recuerda a un furby metido en una lavadora.

Pero yo no lo veo tan claro. Los dos sabemos lo que significa esta competición sin precedentes. Un millón de PExp es algo abismal, más incluso que los PExp del Usuario Número Uno, el archifamoso Qwfkrjfjjirj%r (nadie sabe si es un nombre islandés o si se registró aporreando el teclado). Este tío lleva nueve años en la punta del ranking y es más rico que la reina de Inglaterra. Su avatar tiene publicidad hasta en los calzoncillos, existe una colonia con su nombre e incluso salió en un episodio de *Los Simpson*. Cuentan toda clase de leyendas sobre él, como que vive en un castillo rodeado por un foso lleno de tiburones y que sólo come filete de unicornio. Lo de los tiburones me lo creo porque los fans están muy locos y son capaces de seguirle a todas partes, pero el rumor del unicornio tiene que ser mentira. Creo.

Todo el mundo quiere ser como Qwfkrjfjjirj%r, así que si los Masters de MultiCosmos convocan un premio tan valioso que elevará automáticamente al ganador hasta lo más alto del marcador, no va a existir un solo humano sobre la faz de la Tierra que no inicie sesión para hacerse con ese Tridente de Diamante.

—¿Quieres venir a mi casa a merendar y buscamos el Tridente juntos? —me propone Alex.

Me encantaría decir que sí, pero de pronto recuerdo que mi avatar está frito, y no tengo armas, vehículos ni recursos como mi amiga, a la que le regalaron una cuenta PRO por Navidad. Me imagino compitiendo con ella, yendo a remolque y recibiendo portazos en la mayoría de los planetas, sólo porque no tengo suficientes PExp. Sería una carga. Y un aburrimiento.

—Paso —digo cabizbajo.

—¿Qué dices, animal? Será divertido. Viajaremos juntos por todo MultiCosmos en busca del Tridente de Diamante...

—Claro, y los rivales tendrán armas superavanzadas, mapas actualizados y vehículos espaciales, pero yo soy un avatar sin nada. Es una tontería intentarlo. La Competición es para otros, no para mí.

La dejo con la palabra en la boca mientras me alejo por mi calle. Es un rollo ser siempre el último mono en todo.

‹Inicio de sesión›

Aunque pase de la Competición, MultiCosmos sigue teniendo un universo por descubrir. Me han hablado de un planeta de burbujas donde puedes hacerte con un todoterreno al final de la partida, siempre y cuando sobrevivas en el intento. No me vendría mal para conseguir la Copa de la Muerte. Si mi profe de Educación Física viese la velocidad a la que he llegado a casa, me selecciona para los Juegos Olímpicos. Entro corriendo, saludo a toda prisa al abuelo y subo las escaleras que llevan al desván, donde ya me espera el ordenador. Lo enciendo como un rayo y tecleo a toda prisa mi usuario y mi contraseña:

Acepto sin leer. No voy a ser el primero del universo en hacerlo.

Planeta Limbo
Galaxia Madre
Mundo de Partida
Cosmics conectados: 44090352

¡El tin-tin-tin de bienvenida es música celestial para mis oídos! Pero la alegría me dura poco:

Tal como imaginaba, mi avatar la palmó en el Valle de la Muerte, justo cuando la profesora Menisco me confiscó el Yayomóvil. He renacido sin rango y con 1.000 PExp menos en el planeta Limbo. Ahí es a donde volvemos los millones de Cosmics cuando nuestro medidor de vidas se queda a cero, y es conocido por todos como el Lugar Más Muermo de MultiCosmos. El único peligro que corre tu avatar es morir de aburrimiento, aunque no viene mal un poco de tranquilidad cuando tienes que reconstruirte. Voy a necesitar un rato para diseñar el mío de nuevo.

PERSONALIZA TU AVATAR

Dibuja tu cabeza
Elige un cuerpo entre: guerrero, mago, cavernícola, astronauta...
Inventario: puedes escoger objetos de la pantalla o crear los tuyos propios.

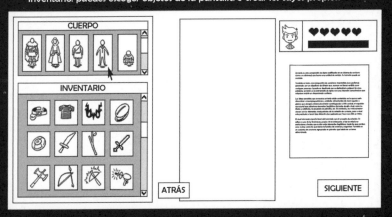

¡Ahora sí que mola! Después de probar varias combinaciones (ya he aprendido que la túnica de alquimista es inútil contra las monjas ninja), me quedo con el traje de explorador espacial, muy ligero y resistente a la vez. A continuación abro la ventana de la armería: mi antigua daga funcionaba bien en el combate cuerpo a cuerpo, pero siempre fallaba contra los monstruos telepáticos. Esta vez necesito algo nuevo.

Las gafas de rayos, la ballesta llameante, la ciber-cimitarra... Prácticamente he probado todas, y cada una tiene sus pros y sus contras. El arsenal disponible en el planeta Limbo es bastante limitado, a menos que seas un usuario PRO o tengas el bolsillo lleno de cosmonedas, dos condiciones que normalmente van de la mano.

Pero yo no tengo nada de eso, así que debo conformarme con armas cutres que se rompen al menor contratiempo. Estoy a punto de seleccionar un arco con función subacuática cuando reparo en un objeto del arsenal que no he visto antes: la espada binaria. Su aspecto es muy anodino, pero cuenta con una buena puntuación en ataque y la descripción dice que resiste igual de bien a la lava que al ácido sulfúrico. Debe de ser una novedad de la última actualización, así que la selecciono por curiosidad y continúo con el resto.

Para protegerme escojo una malla feérica que llevo por debajo del uniforme, y para mi inventario tomo una mochila de Pandora, bastante resistente para guardar ítems explosivos. Mi avatar ya está listo para salir a la conquista de MultiCosmos y volver a ser el Cosmic que había sido. Sí, ya sé que no era nadie, pero me gustaba mi avatar.

No todo son PExp; además de los planetas de aventuras, MultiCosmos es también una gigantesca red social para conocer y charlar con avatares de todos los rincones de la

Tierra. Hay prácticamente un planeta para cada gusto, por rarito que seas. Existen planetas para frikis de las series o para amantes de los cerdos vietnamitas, e incluso los hay de asociaciones de zurdos de derechas; en total son más de un millón de micromundos, y es imposible no encontrar uno que se ajuste a lo que buscas. De lo contrario, siempre puedes crear un planeta tú mismo.

Si lo que quieres es escuchar los últimos rumores de la red, no existe un micromundo mejor que GossipPlanet, el planeta de los cotilleos. Sería un buen lugar para empezar si quisiese sacar algo de información sobre el Tridente de Diamante, que no es mi caso. Para nada. Aunque bien pensado... no tiene nada de malo dejarse caer por ahí por si las moscas, y si escucho algo interesante, después puedo contárselo a Alex. Sí, lo haré por ayudar a mi amiga.

Una vez mi avatar está listo para zarpar, me despido del planeta Limbo y me monto en el primer Transbordador con rumbo a mi destino.

```
┌──────────────────────────────────────┐
│ ◎                                  ◎ │
│              ¡Alerta!                │
│   Las líneas de transporte están satura- │
│     das. El Transbordador tardará varias │
│    horas en llegar a su destino. Rogamos │
│         disculpen las molestias.         │
│ ◎                                  ◎ │
└──────────────────────────────────────┘
```

Aparece una pantalla en negro con una cuenta atrás y suena una canción de Tina Moon de fondo.

Esto es lo que pasa cuando usas, como yo, una cuenta gratuita de MultiCosmos, que aprovechan cualquier tiempo de espera para insertar publicidad. Me sé de memoria el último disco de Moon, y eso que ni siquiera me gusta. Pero si el Transbordador está tan saturado, no quiero ni imaginar cuántos usuarios habrá conectados a la red ahora mismo.

El tiempo de MultiCosmos no avanza más deprisa aunque mires fijamente la pantalla, así que aprovecho para bajar a merendar. El abuelo está delante de la mesa de la cocina, preparando la última invención culinaria que ha conocido en *Recetas Extremas*.

—¿Has aprendido muchas cosas en el cole?

—En el insti, yayo, voy al insti. —Siempre se olvida de que ya tengo doce años. Me sigue pasando la mano por el pelo igual que cuando era un crío—. Me han enseñado *no-sequé* de un Gran Cañón y algo sobre *estalagpitas*.

—Muy bien —responde el abuelo, complacido. Entonces levanta la mirada de la bandeja de comida—. ¿Y qué tal los amigos?

—Ah, todos muy bien —miento. La verdad es que Alex es mi única amiga. Encajar en el instituto no es tan fácil. Mi abuelo no se traga la trola, pero sabe que no sirve de nada insistir.

—Por cierto, ¿me ha llamado alguien durante el día? ¿Alguna viuda encantadora que desee conocerme?

Trago saliva. Con toda la emoción de la competición del Tridente de Diamante, se me había olvidado este asunto. El abuelo odia los teléfonos móviles y cree que sólo sirven para atontar a la gente y controlarla a cada momento. En lo del control debe de tener razón, porque mamá no paró hasta que le regaló el Yayomóvil. Él me lo presta siempre que quiero, y lo único que tengo que hacer es responder que está bien cuando mamá escribe para preguntarle cómo se encuentra.

—Verás... Lo he perdido. Bueno, no; me lo han quitado. —El abuelo me mira cada vez más preocupado—. La profesora lo ha confiscado, peeero sólo temporalmente.

—¿Estabas usando el móvil en clase? —pregunta el abuelo, muy serio.

—Sólo ha sido un segundo. —Me mira decepcionado—. ¡Pero te prometo que lo recuperaré! Mamá no se enterará... Porque no se lo vas a decir, ¿verdad?

El abuelo hace un mohín.

—No quiero que tu madre descubra nuestro truco y me obligue a llevar el móvil conmigo a todas partes, pero tampoco está bien que lo uses en clase.

Hay un silencio incómodo en el que me siento como si tuviera dos años otra vez. La he liado un poco.

—Tienes que recuperarlo pronto. Ya me inventaré una excusa hasta que lo consigas...

Sonrío más tranquilo que antes. ¿Es o no es el mejor abuelo del mundo?

Aprovecho para llevar los libros de texto a la cocina y hacer con él los deberes. Sabe bastante de historia y de naturales, aunque confirmo que yo no tengo la culpa de ser un negado para las matemáticas; es algo que heredé del abuelo. Necesitamos más de una hora para resolver una ecuación de dos incógnitas, y eso porque busco la solución al final del libro. Entre números se hacen las ocho de la noche.

En ese momento arrancan las noticias en la radio y el

abuelo pone el oído. Estoy a punto de ir al baño cuando escucho el nombre de MultiCosmos.

«... la mayor competición de la historia de la red virtual —dice el locutor—. El contador de usuarios conectados a MultiCosmos roza los seiscientos ochenta millones en este preciso momento, una cifra que quintuplica su tráfico habitual. ¿El motivo? Un misterioso Tridente de Diamante que podría estar escondido en cualquier rincón. Según los Cosmics expertos en la materia, un usuario avanzado necesitaría más de ciento cincuenta años para visitar cada uno de los micromundos de la red, y eso sin contar los nuevos que se crearían mientras tanto. Las posibilidades de encontrar las tres partes del Tridente son, por lo tanto, remotas, pero el premio, un millón de Puntos de Experiencia y una réplica valorada en mogollones de euros, ha provocado la mayor avalancha de aspirantes de la historia de MultiCosmos...»

El abuelo me guiña el ojo para darme ánimos.

—Eso para ti está chupado.

Hace un año me pilló gritando al ordenador, y entonces tuve que contarle qué es MultiCosmos. Desde entonces me hace un montón de preguntas: «¿La gente es "de verdad"? ¿Puedo jugar a la petanca virtual? ¿Hay más abuelos conectados? ¿Y alguna viuda de mi edad?». Por lo menos no me suelta la chapa de mamá: «Ni se te ocurra decir tu nombre real, ni la dirección de casa, ni tampoco utilices mi tarjeta de crédito, ni les cuentes cuál es tu película favorita; nadie sabe qué pueden hacer con tus datos». Mamá odia las tecnologías y es un poco neuras con todo lo que huele a digital. Es la única directora de periódico del mundo que da las noticias urgentes con señales de humo en vez de por internet.

—No, abuelo. La Competición es sólo para usuarios profesionales; con mi avatar no conquistaría ni el planeta de los Conejitos. —Por la cara que pone, creo que no ha pillado el chiste.

—Tonterías. Tú puedes ganar esa competición si quieres. ¿O es que te has olvidado de cuando conseguiste el primer premio del torneo de ajedrez del barrio?

—Era un torneo infantil, ¡y sólo participábamos ocho niños! —El abuelo se sacude las migas de la camisa, como si no entendiese la diferencia—. Pero gracias por confiar en mí.

El abuelo a veces me desconcierta con su optimismo. He perdido la cuenta de las veces que se ha sentado a mi lado delante del ordenador para ayudarme con MultiCosmos, como si fuesen los deberes de clase, pero al final siempre es un estorbo; tengo que explicarle hasta lo que es un nick... Menos mal que esta vez está demasiado entretenido con su receta.

Ya va siendo hora de comprobar si el Transbordador ha llegado a puerto.

Subo las escaleras hasta el desván y saco el ordenador de su hibernación. Un icono rojo me avisa de que tengo un mensaje en el buzón. Se trata de Amaz∞na, mi amiga Alex, que me pide que la avise cuando me conecte. Es el único contacto de mi agenda. La cabeza de su avatar aparece en la pantalla nada más pinchar su nombre.

Yo: ¿Qué pasa?

Amaz∞na: ¡Hola! ¿Qué tal? ¿Huyendo de la Competición? ☺

Yo: Paso de la Competición. ¿Y tú qué? ¿Ya has descubierto algo?

Amaz∞na: ¿Ahora lo quieres saber? ¿Pero no decías que la Competición es una tooOOoontería y que pasabas del tema?

Odio cuando se pone en modo lista.

Yo: Lo preguntaba por educación. No me interesa nada. Con los puntos que tengo mejor me dedico a mi cosecha de maíz. ¬¬

Amaz∞na: ¡Venga, no te enfades! Podemos competir juntos. ☺

Yo: Sí, claro, y que te lleves tú todo el mérito.

Amaz∞na: Espera. Te iba a decir que...

Yo: Me tengo que pirar. Avísame si la encuentras; estaré en el planeta Limbo construyéndome una armadura con pañales.

Corto el hilo de la conversación antes de que se le ocurra escribirme de nuevo. Paso de que insista con el tema; sé que su intención es animarme, pero no quiero caridad multicósmica.

Vuelvo a la pantalla del Transbordador para ver si ya he llegado al destino y... ¡Bingo! Unos tubos de neón me anuncian el fin del viaje:

¡Bienvenido a GossipPlanet!
El lugar donde los rumores se hacen realidad

GossipPlanet
Galaxia Yxala9
Modo Social
Cosmics conectados: 59879342

El contador de usuarios da vertigo. Un rápido vistazo al mapa virtual revela que el pub #Hashtag ha construido ocho salones más para recibir la oleada de nuevos clientes, mientras que el bar de Ona ha tenido que colgar el cartel de aforo completo. El Tridente ha atraído a millones de Cosmics curiosos que llevaban años sin iniciar sesión.

Por suerte, mi taberna favorita es la más impopular del micromundo. Para llegar a El Emoji Feliz hay que atravesar la avenida principal y caminar un par de minutos al margen de la autopista. Lo regenta un tío que se llama Cer3e$0, un ejemplo de usuario que se gana la vida con esto. Puede que su hamburguesa de bytes no sirva ni para llenar dos corazones de la barra vital, y la presencia de trolls pueda llegar a ser molesta en ocasiones, pero las conversaciones que se escuchan dentro van incluidas en el precio. El Emoji Feliz es una increíble fuente de información para Cosmics venidos de todos los rincones de MultiCosmos. Los que lo conocemos, sabemos que su aspecto de tugurio es un repelente para miradas indiscretas.

—¿Un uniforme nuevo? —me pregunta Cer3e$0 nada más verme. Cambiarse de vestimenta y de cuerpo no sirve de nada en MultiCosmos; siempre hay un cartelito chivato sobre tu cabeza que revela tu nick—. No me digas que te

—Quería saber lo que se siente —respondo malhumorado, y me voy a una mesa del fondo.

El tabernero, cuyo avatar es un sencillo humano con delantal, me sigue con una jarra de zumo de pantone. Quiero decirle que no me queda ni una triste cosmoneda en el bolsillo, pero antes de que me dé tiempo a teclear, me sirve la bebida y vuelve a su sitio. Ojalá todo el mundo fuese tan amable conmigo como lo es él. Algún día tendré que devolverle todos los zumos a los que me ha invitado. Por muy virtual que sea su taberna, el alquiler de un espacio y los productos que sirve no salen gratis en MultiCosmos.

Echo un rápido vistazo a mi alrededor. Tal como imaginaba, no se habla de otra cosa que de la competición de MultiCosmos.

—... las armerías no dan abasto. Hay millones de Cosmics preparados para la aventura... —dice una vikinga de pelo verde.

—... han pillado al presidente del Congreso buscando el Tridente en medio de la votación de los Presupuestos... —comenta otro entre risas.

—...nadie ha visto a Qwfkrjfjjirj%r desde esta mañana. —Se refieren al Usuario Número Uno, el tío más famoso de la red, con permiso de los Masters—. Dicen que podría contratar un ejército de Cosmics que busque el Tridente de Diamante por él.

Qué aburrimiento. ¿Es que no hay nadie que quiera hablar de otra cosa? Suelto un bufido virtual cuando recibo la alerta de que alguien quiere hablar conmigo, un avatar que no quiere mostrar su nombre.

Una figura encapuchada me hace una señal desde detrás de un enorme barril de ginebrytes. No lo he visto en mi vida, pero cuando intento comprobar su identificación de usuario, el sistema me advierte de que ha bloqueado la información. Es un privilegio más de los usuarios PRO. Nadie que tenga buenas intenciones oculta su identidad. Esto no me gusta un pelo.

—¿Me llamas a mí?

—Sí, a ti, el pardillo sin experiencia. —Sólo puedo leer lo que escribe, pero si tuviese voz, seguro que sonaría muy ronca y aterradora, como la de la señora Menisco el día después de la cena de profesores—. Ven aquí.

Me acerco un poco asustado, aunque no debería estarlo, porque las peleas en GossipPlanet están terminantemente prohibidas. Lo más que puedes hacer es llamar «gilipíxeles» al que te ha quitado el sitio en la barra, pero sacar las armas es imposible. Sin embargo, este encapuchado me produce escalofríos...

—¿Qué quieres?

—A ver, ¿tú quieres conseguir el Tridente de Diamante o no? —me pregunta. La capucha protege su rostro y no me deja verlo—. ¿A qué has venido aquí?

—Pues... sólo pasaba por aquí a tomar una jarra de... ginebrytes. —Le suelto lo primero que se me pasa por la cabeza. Se supone que los menores no pueden entrar en El Emoji Feliz, pero se me da fatal mentir.

Fatal. No debo de sonar muy convincente, porque el tío echa un vistazo a mi vaso de zumo de pantone y sonríe con una mueca burlona.

—Ya —dice—. Entonces no te interesa información privilegiada sobre el Tridente, ¿no?

Pienso en la competición más flipante de la historia (virtual). Pienso en lo increíble que sería conseguir un millón de PExp, salir en las portadas de las revistas y dejar boquiabiertos a todos los listillos del instituto Nelson Mandela..., especialmente al grupito de los Guays. Pero entonces me recuerdo que mi avatar pertenece al rango más bajo y que sin un vehículo ni armas de calidad no tengo ninguna posibilidad de empezar siquiera la búsqueda. Es ridículo soñar con imposibles.

—No me interesan los rumores. Búscate a otro si quieres hablar del tridentito.

Estoy a punto de irme cuando el encapuchado me da un codazo (indoloro, que por algo estamos en un planeta pacífico). Me dispongo a protestar cuando abre un canal de comunicación privado para que nadie más se entere de nuestra conversación... y yo no puedo estar más en desacuerdo.

—La Competición no está hecha para los más profesionales, sino para los Cosmics que tienen los ojos abiertos. A lo mejor esto te hace cambiar de idea. —Introduce un objeto pesado en el bolsillo de mi uniforme galáctico—. Confío en que sabrás qué hacer con él.

—Espera. —Me echo la mano al bolsillo, pero el encapuchado ya se está yendo—. ¿Quién eres? ¿Por qué me hablas a mí?

—Tú no me has visto. Si te preguntan, no me conoces.

—Claro que no te conozco. ¡¿Quién eres?!

El encapuchado lanza una bomba de humo al suelo y desaparece en medio de una nube de color púrpura. Qué típico: este efecto está incluido en la última actualización de Multi-Cosmos y no hay friki que se resista a utilizarlo. Es la nueva moda, después de los selfis. La verdad es que queda bastante molón, pero yo estoy todavía más perdido que al principio.

<Tuiterus internete>

Me llevo la mano al bolsillo y saco un objeto azul con motas y dibujos de arrobas, de un palmo de largo y ligeramente ovalado, caliente al tacto. No he visto un objeto así en mi vida. ¿Es una pelota? ¿Un pisapapeles de diseño? ¿O una piedra de colores?

Activo el escáner de la holopulsera para identificarlo y en media milésima de segundo ya tengo la respuesta. Así averiguo que se trata de un huevo de *Tuiterus internete* o tuitero, un ave protegida.

Huevo de *Tuiterus internete*

Eclosiona con altas temperaturas.
Su comercialización está terminantemente
prohibida y castigada con penas de hasta
tres años sin conexión.

¿Por qué el encapuchado me ha dado algo de tanto valor... y tan peligroso? Miro a mi alrededor en busca de Moderadores, el cuerpo de seguridad de MultiCosmos, pero por suerte no les gusta el ginebrytes de El Emoji Feliz. Lo escondo en mi inventario a toda prisa, con cuidado de no romperlo.

Alguien tiene que explicarme lo que acaba de ocurrir. El resto de los clientes de la taberna siguen a lo suyo, riendo los chistes de Cosmics y especulando sobre la ubicación de las tres partes del Tridente de Diamante, pero nadie parece haber reparado en el encapuchado que acaba de irse. Lo único que quiero es salir de GossipPlanet y poner en orden mis ideas.

En MultiCosmos, todos los usuarios tenemos derecho a una vivienda. Eso en la teoría, porque los usuarios PRO pueden disfrutar de adosados con perrito y piscina incluidos, mientras que los demás debemos conformarnos con celdas diminutas amontonadas en planetas residenciales. No es que me encante, pero es la única forma gratuita de llenar la barra vital y guardar objetos que ya no caben en el inventario por si quieres volver a por ellos más tarde. Como casi no tiene que cargar información, el Transbordador llega en cuestión de segundos.

Una vez mi avatar ordena el baúl del apartamento y descansa felizmente en su cuchitril, me despego del ordenador para buscar la *Guía Imprescindible de MultiCosmos*, la obra de referencia para todo Cosmic que se precie. Cuando dije que quería un libro por mi cumpleaños, el abuelo casi se puso a llorar de la emoción; creo que pensaba que pediría el *Quijote*.

Saco el libro de la estantería del desván y busco rápidamente «*Tuiterus internete*» en el índice de Mobs, las criaturas virtuales que no maneja ningún usuario.

Tuiterus Internete

Su principal alimento es el egort, una hierba digital. Le encanta que escuchen su canto y es muy sensible a los trolls.

PExp por eliminarlo: -300.

Aquí descubro que es natural del planeta Tuitonia, que cuenta con su propio apartado. Casi me da el hipo cuando abro la página y me topo con una foto panorámica. El micromundo está a rebosar de naturaleza, con más plantas que el Empire State, y hay miles de pajaritos azules volando en todas las direcciones; no quiero ni imaginar cómo estará el suelo de cacas.

«Tuitonia es un planeta de la galaxia Nature, donde las leyes medioambientales de MultiCosmos prohíben la caza y el uso de armas está terminantemente restringido. El micromundo es la mayor reserva natural del ave *Tuiterus internete*, un Mob en peligro de extinción, y los Constructores han creado flora especialmente adaptada para su alimentación y nido.»

Increíble... La pista del tío siniestro de la capucha me dirige a un planeta protegido. Mientras todo el mundo compra y fabrica armas para buscar el Tridente de Diamante en los lugares más peligrosos, mi única pista me lleva hasta un sitio donde lo máximo que te puede ocurrir es que un pajarraco te cague encima.

Por lo tanto, no puede ser ninguna trampa; Tuitonia no supone un peligro ni siquiera para un avatar de bajo rango como yo. Tampoco puede tratarse de una broma, pues este huevo de tuitero cuesta un pastón en el mercado negro.

Pero, ¿los tíos encapuchados no son los malos de la peli? Los avatares legales no se pasean por MultiCosmos con el perfil bloqueado y la jeta oculta. A lo mejor era un contrabandista que quería deshacerse de mercancía peligrosa, y ha buscado un pardillo al que colgarle el huevo. En ese caso, tengo que entregárselo a los Moderadores cuanto antes o me suspenderán la cuenta. Aunque también podría... ir hasta Tuitonia para devolverlo a su hábitat natural y, de paso, echar un vistazo por si hay algo sospechoso. Sólo existe un usuario con el que puedo hablar de esto, y es Amaz∞na.

Yo: Hooooooolaaaaaa. ¿Sigues ahí? ¿¿¿Qué tal??? ¿¿¿Quieres escuchar algo emocionante??? ☺ ☺ ☺

Los emoticonos no están de más, la última vez le colgué a las malas.

Amaz∞na tarda un poco en responder, pero finalmente veo que está escribiendo. Espero impaciente.

Amaz∞na: ¡Hola! Me llaman a cenar. ¿Te ha pasado algo?

Yo: ¡¡¡Sí!!! ¡¡¡Vas a flipar cuando te lo cuente!!!

Estoy a punto de soltar los últimos acontecimientos, lo del tío encapuchado y el huevo ilegal-total, pero de pronto mis dedos se quedan congelados en el aire.

Amaz∞na: ¿Eooooo? ¿Me lo vas a contar? *modo ansiosa*

Me lo he pensado mejor. Después de todo, Amaz∞na (Alex) es una Cosmic con un montón de Puntos de Experiencia. Cuenta con cientos de objetos molones en su inventario, y gracias a su canal de vídeos viaja en primera línea del Transbordador siempre que quiere. Está claro que no necesita ayuda. Yo, sin embargo, no paso de los 200 PExp, mi arma parece un palo pixelado y necesito días para cruzar MultiCosmos de punta a punta. De repente ya no me parece tan buena idea compartir esta información con mi amiga… A fin de cuentas, antes tengo que comprobar si es una pista verdadera.

Amaz∞na: Si no me dices nada, tendré que desconectar.

Yo: Era una chorrada —me invento—. Quería que supieses que ElMorenus ha colgado un nuevo videotutorial.

Amaz∞na: Ah. O_o Pues gracias. ¿Sólo eso?

Yo: Sí.

Amaz∞na: Entonces… Buenas noches.

Amaz∞na se ha desconectado.

‹Sería *total*›

Al día siguiente no se habla de otra cosa en el instituto, incluso entre los que sólo se conectan a MultiCosmos para asistir a conciertos virtuales o a practicar deportes online. Mientras cruzo el pasillo, escucho mencionar el Tridente de Diamante por lo menos un centenar de veces antes de llegar al aula de primero. Cuando entro en clase me encuentro con la misma imagen de siempre, la *popu* y su rebaño de pelotas. Pero esta vez Rebecca no habla de fiestas ni de pintaúñas.

—Yo paso de MultiCosmos y esas frikadas, ya lo sabéis. —Sus súbditos asienten embobados. Por algo se conocen como el Quinteto Borrego—. Pero pienso hacerme con ese Tridente de Diamante —remarca mucho la última palabra, por si todavía queda alguien que no se ha enterado del premio—. Podré fabricarme un montón de joyas con el trofeo, desde pendientes hasta fundas para el móvil. ¿No sería *total*? La Competición es para tontos, sólo tengo que hacerlo más rápido que todos esos Cosmics marginados y asociales. Está chupado.

Rebecca me dedica una mirada burlona para deleite de sus cinco pelotas, que se ríen de la gracia. ¿Quién puede pensar en pendientes cuando tiene un arma invencible en su inventario y un millón de PExp? Me entran ganas de decirle que la idiota es ella, pero Alex me intercepta a tiempo y me arrastra hasta un rincón de la clase.

—Rebecca es un caso perdido, no te molestes por ella. ¿Sabes que su padre le ha regalado una cuenta PRO?

—¡¿En serio?! —Es indignante. Llevo dos años registrado en MultiCosmos y esa presumida ya tiene más privilegios que yo—. Odio la Competición. ¿Por qué he tenido que quedarme sin puntos justo ahora?

—Eso no debería preocuparte. Estás más preparado que ella para participar.

Alex siempre encuentra palabras para animarme, pero es muy fácil cuando tienes tantos Puntos de Experiencia y hay miles de Cosmics atentos a todo lo que haces. Yo, en cambio, debo conformarme con un avatar de principiante. El profesor de literatura ha entrado en el aula, de modo que los corrillos se disuelven y nos sentamos cada uno en nuestro sitio.

El resto del día sigue la fiebre por la Competición; es la primera vez que escucho más comentarios sobre Multi-Cosmos en los pasillos del instituto que en El Emoji Feliz. Los que tienen móvil aprovechan los cambios de una clase a otra para conectarse durante unos minutos. Todos menos Alex, que no siente la tentación ni un poquito. Intento convencerla durante el descanso de la comida.

—Si yo fuese tú, ahora mismo estaría conectado con el móvil —le digo en el comedor.

—Prometí que sólo utilizaría el móvil durante las clases en caso de emergencia, y todavía no ha sonado el timbre para irnos a casa —responde Alex, que es la persona más responsable del universo—. Además, ¿no se supone que no te interesaba la Competición?

—Bueno, a mí no, pero *si fuese tú*... Imagínate que la estúpida de Rebecca se hace con las tres partes del Tridente.

—No creo que Rebecca llegue muy lejos en MultiCosmos —replica Alex en tono de burla—. Se aburrirá en cuanto descubra que no hay actualizaciones para maquillar a su avatar.

—Sí las hay. ElMorenus les dedicó un videotutorial. Le puso pintalabios de purpurina a su avatar de robot psicópata.

Las clases de la tarde son igual de aburridas, con el agravante de que tengo que reencontrarme con la profesora Menisco después de la pillada de ayer.

Durante una hora intento alcanzar su maletín de todos los modos posibles para recuperar el Yayomóvil: me arrastro por el suelo, me escondo en el armarito del profesor, y hasta construyo un gancho con cinco bolis y un montón de clips, pero siempre me pilla en el último segundo.

No me queda más remedio que rendirme y recurrir al diálogo. Espero al final de una interminable lección sobre números primos para acercarme a su escritorio y pedirle, rogarle y, por último, implorarle que me devuelva el móvil.

—Es que es de mi abuelo, ¿sabe? —le digo con cara de gatito.

—De su abuelo, ¿eh? —La anciana levanta una ceja gris. Es un milagro (cósmico) que todavía no haya llamado a mi casa para chivarse—. Si el móvil es de su abuelo, ¿cómo pensaba avisarle de que se tomase las pastillas?

—Venga, no sea tan dura conmigo. Haré lo que me pida para recuperarlo, ¡lo que sea!

—Llevo observándole desde el principio de curso. Sé que

sus notas no son tan malas en el resto de las asignaturas, pero parece que las matemáticas son poca cosa para usted. —El aula se ha quedado vacía. Alex me echa un último vistazo antes de salir y levanta el pulgar para desearme suerte—. Enseño esta asignatura desde hace décadas y siempre me encuentro con listillos que se creen que las operaciones no les servirán de nada. —La profesora guarda el libro de texto en su maletín, y por un instante veo en el interior el móvil del abuelo—. Usted es uno de ellos, lo calé el primer día.

—¡No es verdad! —protesto, aunque ni yo me trago lo que estoy diciendo—. Yo sí creo que las mates son super-mega-ultra-importantes.

Ahí a lo mejor me he pasado. La profesora Menisco me observa de arriba abajo.

—En ese caso, escriba una redacción de diez páginas para demostrármelo: «Las matemáticas son importantes para mí porque...». Pero nada de bromitas de las suyas, jovencito, o no volverá a ver su móvil.

Diez páginas de redacción. La última vez que escribí tanto fue para los deberes de verano, y eso que seleccioné la letra más grande del ordenador y puse un montón de margen e interlineado. Dudo que con la profesora Menisco vaya a funcionar el mismo truco.

—Y si escribo diez páginas, ¿me lo devolverá?

—Si escribe diez páginas, quizá me lo piense. Buenas tardes.

La profesora se va cojeando a paso ligero; es increíble lo rápido que camina una persona tan mayor, pero es que la profesora Menisco se entrena en maratones para pillar a los que copian en sus exámenes.

Planeta Max_Iron
Galaxia Adventure
Modo: Luchador / Exploración
Cosmics conectados: 3

‹Planeta chatarra›

Me habría gustado ir directo al planeta Tuitonia, pero sus responsables no se fían de los novatos y exigen un mínimo de 500 PExp para entrar (a menos que seas usuario PRO, entonces les da igual que seas un recién llegado). Yo no tengo unos padres ricos que me regalen una, así que si quiero acceder, debo conseguir puntos al modo tradicional: entrenando.

Por suerte, existen micromundos de entrenamiento para principiantes. Ahí es donde comencé mi vida virtual cuando me registré, y es a donde debo volver si quiero que los Cosmics de más experiencia no me empujen al pasar. Por la tarde, una vez el abuelo se asegura de que he hecho todos los deberes y lo convenzo de que no me puede ayudar con las cosas que hago con el ordenador, subo al desván para iniciar mi Entrenamiento Cosmic. Hago una búsqueda rápida de planetas fáciles en el índice de la *Guía Imprescindible de MultiCosmos* y descubro el planeta Max_Iron, un minúsculo mundo de la galaxia Adventure. El libro dice que casi no recibe la visita de Cosmics, lo cual es perfecto si prefiero entrenar solo.

Según la guía, Max_Iron fue creado en el principio de los tiempos para ayudar a los usuarios sin experiencia. Es un planeta de modo Aventura, lo que significa que un enemigo me puede *mediomatar*, lo que significa que renazco al segundo en la puerta de entrada y sin perder un solo punto. No parece complicado ni siquiera para un Cosmic sin Puntos de Experiencia como yo. El micromundo es tan primigenio que el Transbordador sólo necesita unos segundos para cargar los datos y llevarme hasta la puerta.

Una vez aparezco en Max_Iron, me muevo por la pantalla para ver el mundo en todo su esplendor. El cielo es naranja por capricho del Constructor, que es como se conoce al programador de un planeta, y el lugar tiene el aspecto de una gigantesca cacharrería: hay piezas de metal por todas partes, algunas incluso formando montañas tan altas como torres. Las hay que recuerdan a carrocerías de coches y otras a cosas mucho más grandes, como aviones o robots gigantes. El escenario da un poco de yuyu.

Desenvaino la espada binaria y empiezo a caminar por el terreno. Los bloques de hojalata no dejan mucha opción, y prácticamente me obligan a avanzar por su pasillo. Compruebo que mi barra vital está a tope de ♥♥♥♥♥ y que tengo suficiente energía para luchar; nunca sabes cuándo te pueden fallar las fuerzas, y no creo que en Max_Iron me encuentre muslos de pollo al cruzar la esquina.

¡Cras! He oído algo. Me doy la vuelta pero no veo nada cerca. Estoy temblando. Y ¡cras! Otra vez. ¡OMG, AQUÍ HAY ALGUIEN! Empiezo a mover la espada en el aire; sea lo que sea, espero que se asuste al ver mi arma... de principiante. Camino de puntillas para pasar desapercibido, un comando que me funcionó una vez para dar esquinazo a unos orcos con sordera.

De pronto, un enemigo cae sobre mí y clava sus colmillos en mi pecho. Suerte que visto la malla feérica; sin embargo, el impacto del Mob le resta la mitad de resistencia. Consigo quitarme de encima al bicharraco, un espeluznante monstruo de metal con más dientes que una ballena, y lo golpeo con la espada binaria. El arma suelta un chispazo de miedo, pero consigo 5 PExp para mí. Le asesto un mandoble y gano más puntos. Cuando reduzco el Mob a chatarra, he ganado un total de 20 PExp. No está mal para empezar.

Los Mobs son criaturas virtuales que están por todo MultiCosmos, y pueden ser tanto enemigos de un planeta peligroso como ayudantes de cocina, igual que la robot de El Emoji Feliz. Los planetas de entrenamiento están llenos de estos bichos, ideales para ganar los primeros Puntos de Experiencia. Me río de la peligrosidad de este Mob. ¡Ja! ¿Pensaba que iba a pillarme desprevenido?

Me reincorporo satisfecho con mis primeros PExp. La malla se ha resentido un poco y he roto la punta de la espada, pero la barra vital está intacta. Sonrío mi suerte...

Hasta que veo que estoy rodeado de una veintena de Mobs más grandes y fieros que el primero.

Si quieres salir por patas, ve a la página 54.
Si prefieres enfrentarte a los Mobs, sigue leyendo.

Que no cunda el pánico. He podido con Mobs mucho peores que estos orcos de hojalata. Golpeo el suelo con la espada para activarla y planto cara a los bichejos. Son una veintena, pero por grandes que sean y oxidadas que estén sus garras, conozco comandos que ni se imaginan. Sólo es cuestión de ponerlos en práctica.

Les doy una patada de gimnasta...

Haz 50 círculos alrededor de cada Mob sin levantar el boli.

... Los mareo con un ataque de arenisca...

Haz rayotes sobre los ojos para que no puedan ver nada.

... Y los elimino con un golpe definitivo de la espada.

Remátalos agujereando sus carcasas con un boli.

¡Ja! ¡250 PExp para mí! ¿Soy o no soy un máquina? El contador de Puntos de Experiencia no para ni un segundo, mientras que mi cartera da la bienvenida a las primeras cosmonedas. Sólo es cuestión de tiempo que vuelva a ser el Cosmic de antes.

<El tipo más fracasado de la red>

Si pensaba que la fiebre por MultiCosmos del instituto sería flor de un día, me equivocaba. Aunque no quiero ni oír hablar del tema, escucho a varios alumnos mayores comentar que uno de ellos pertenece a nuestra ciudad. Al menos así lo indica la información de su perfil, aunque me tapo los oídos para no escuchar más sobre el asunto. Estoy harto del maldito Tridente de Diamante y de todos sus buscadores. No quiero saber nada del asunto hasta que mi avatar esté preparado para salir.

Pero no puedo huir del tema. Nada más entrar en clase me encuentro con Rebecca, rodeada de un séquito más grande del habitual y soltando su tradicional discurso matinal:

—No me tiréis de la lengua —les dice en una voz tan bajita que se enteran hasta en el país vecino—. *Por supuesto* que conozco a la Cosmic de nuestra ciudad que ha conseguido la primera parte del Tridente... Pero no pensaréis que la voy a traicionar, ¿verdad? Quizá no quiera hacerse *famosa*.

Sus secuaces suspiran emocionados. Para ellos, Rebecca es más que una estrella de rock, todavía más que una *videotuber*.

—Si fueses tú esa Cosmic, ¿nos lo dirías? —pregunta Rob, un tío con más granos que un plato de arroz.

—No podría decirlo antes de terminar la Competición —responde con voz melindrosa—. Me harían un millón de preguntas y tendría *paparazzi* hasta en la puerta de casa. Pero... no descartéis nada.

Rob está a punto de morir de un infarto cuando Rebecca le guiña un ojo. A mí, en cambio, me apetece tirarle el borrador a la cabeza para comprobar si es un robot y le da un cortocircuito. No lo soporto. ¡Esto es peor que cuando pusieron el control parental al ordenador y se bloqueaba cada vez que me conectaba a un planeta con previsión meteorológica «supercaliente»! Por si no tuviese suficiente con quedarme sin Puntos de Experiencia justo antes de la Competición más flipante de la historia, el hecho de que la pija oficial del instituto vaya a la cabeza gracias al dinero de su papá me dan ganas de hacerme una lobotomía y olvidarme de MultiCosmos para siempre. ¡No vale! Hace tres días Rebecca no sabía ni iniciar sesión, pero ahora, y gracias a la cuenta PRO, va a pulverizar a todos los Cosmics que nos lo hemos currado desde mucho antes. No puedo morderme la lengua por más tiempo:

—Los Masters no han escondido el Tridente de Diamante para que tú lo consigas con trampas.

—¿Me hablas a mí? —Rebecca sonríe con malicia—. Perdona, pero tengo activado el filtro antiperdedores, tus mensajes no me llegan.

—Tú sí que no podrías llegar a Tuitonia sin ruedines.

Enseguida me tapo la boca. ¡Soy un bocazas! Por suerte, toda la clase está ocupada riéndole las gracias y la llegada del profe de historia evita que la discusión vaya a mayores.

La mañana transcurre más lenta que el wifi de un submarino y a la hora del recreo me escondo debajo de las escaleras del comedor. Pensaba que con un poco de suerte estaría treinta minutos sin escuchar nada sobre la Competición, pero Alex no tarda en encontrarme. No consigo quitármela de encima ni cuando me lo propongo.

—¿Qué haces aquí escondido? ¡Llevo un rato buscándote! —Suelta las palabras como una metralleta—. ¡Quería contarte...!

—No quiero saber nada de MultiCosmos. —Ya sé que va a contarme que Rebecca ha conseguido la primera parte del Tridente—. Hoy no estoy de humor.

—Pero...

—¡Basta! —Me levanto y me marcho con mi bocadillo. Alex se queda plantada en su sitio, con el ceño fruncido—. Deja de restregarme tus PExp por la cara. Estoy harto de ser el tipo más fracasado de la red.

Quiero añadir «... y del instituto», pero sería un poco desagradable decirle eso a la única amiga que tengo aquí. Me voy directo a las gradas del campo de fútbol, a perderme, pero esta vez Alex no viene a mi encuentro.

‹Sigue al pajarito›

—¡Portaos bien y no molestéis al abuelo! —nos advierte mamá mientras se pone una chaqueta. El trabajo de papá le deja poco tiempo, así que una vez por semana salen a cenar «tranquilos», lo que quiere decir que mi hermano y yo nos quedamos en casa—. Y nada de estar conectados hasta tarde, ¿me habéis oído bien?

—Sí, mamá —respondemos al unísono. La última vez que pasé el toque de queda, me castigaron un mes sin internet—. Seremos buenos.

—Cuida de tu hermano pequeño —le dice papá a Daniel. Éste me dirige una mirada demoníaca que anuncia todo lo contrario—. ¡Volveremos a las once!

Nada más salir por la puerta de casa, mi hermano y yo ya estamos corriendo como gacelas por las escaleras que llevan al desván. El abuelo casi se cae al suelo por el efecto centrífugo. Subimos dos pisos estirándonos de la ropa y dándonos codazos y empujones, y al final él consigue sentarse en la butaca del ordenador una milésima de segundo antes que yo. Maldita biología. Ya verá cuando pegue el estirón.

—¡Ja, *pringao*!

—¡No es justo! —protesto—. Tú has estado con el ordenador toda la tarde.

—La vida no es justa, hermanito. —Suelta una risotada que me pone los pelos de punta. No me creo que comparta genes con él.

Mi hermano tiene quince años y está en lo que los científicos de Harvard denominan la «edad del pavo». Es una fase temporal en la que, básicamente, te comportas como un imbécil. Haciendo un símil con MultiCosmos, mi hermano sería un pavo PRO.

Nos llevamos a matar, y para evitar que la ONU tuviese que intervenir en nuestra lucha encarnizada por el ordenador, no nos quedó más remedio que firmar el Acuerdo del Desván con la colaboración del abuelo como observador interfamiliar. Así decidimos que el ordenador es para el primero que se siente, pero también que está prohibido pegar mocos en el teclado o que ir al baño es motivo de pérdida. Por eso me he plantado a su lado, esperando el momento en que tanto refresco haga efecto en su vejiga.

—¿Quieres que te traiga algo más de beber? —Se lo ofrezco porque soy muy buena persona, pero él me mira como si le hubiese insultado y sigue a lo suyo.

Aunque podría hacerlo desde su móvil, la actividad de Daniel con el ordenador se reduce a pinchar «Me gusta» y escribir «JAJAJAJA» en todas las fotos de sus amigos (y juro que cuando escribe «JAJAJAJA» su expresión es más seria que la de un soldado. Lleva el humor por dentro). Sin embargo, no hay nada que se le dé mejor que cotillear en el perfil de la chica que le mola y averiguarlo todo sobre ella. Mi hermano aprovecha cualquier excusa para comentar sus publicaciones, aunque ella sólo escriba que ha cruzado la calle o desayunado tostadas. No sé si se da por aludida.

—Venga, tío —le digo después de media hora—. Ya no te quedan fotos por comentar.

—¡¿Sigues aquí?! —Le he dado un susto de muerte. Qué poco me conoce si cree que voy a rendirme tan rápido—. ¡Pírate ya!

—Tienes que dar contenido a esa chica, generarle interés. —Estoy pensando en ElMorenus y su vídeo especial de San Valentín—. ¿Ella comenta algo de lo que tú haces?

—Es que lo que yo hago es comentar lo que ella hace —responde. Mi hermano, filósofo moderno.

—Pues pica su curiosidad, demuestra que tú también haces cosas... Consigue que sea ella la que comente tus fotos.

—¡Buena idea! —Mi hermano ha mordido el anzuelo. Ya estoy más cerca de arrebatarle el teclado y conectarme a MultiCosmos—. Voy a hacerme una galería de fotos irresistibles...

—¡Genial! —lo animo. Casi se está levantando de la butaca...

—... y tú vas a hacerme los selfis.

Me quedo en silencio. Lo miro detenidamente. La edad del pavo está afectando gravemente a sus neuronas.

—Un selfi es una autofoto —le explico despacio—. Yo no puedo hacerte una autofoto porque entonces no sería una autofoto, sería una foto y punto.

—Puedes... si quieres que te deje el ordenador.

Daniel hace un amago de levantarse, pero se vuelve a

acomodar. Repite el movimiento una y otra vez para torturarme, y yo estoy a punto de volverme loco con tanta tensión. ¡¡¡Quiero que suelte el ordenador de verdad!!!

—Está bien. Te hago los selfis. Pero luego me dejas el ordenador.

Durante la siguiente media hora tengo que hacerle selfis #leyendounlibro (es la primera vez en su vida que toma contacto con uno), #estudiando (los apuntes son fotocopias de fotocopias de conocidos, y están impolutos) e incluso de #cocinitas (aunque su dieta habitual consiste en donuts), pero por fin se da por satisfecho y puedo volver solo al desván. Si la chica se enamora de mi hermano después de ver estas fotos, voy a tener que replantearme la viabilidad de la especie humana.

Después de la interminable sesión de selfis, regreso al desván, me pongo cómodo en la butaca e inicio sesión en MultiCosmos. Las tres notas musicales me dan la bienvenida.

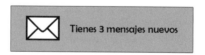

No me hace falta mirar el buzón para saber que se trata de Amaz∞na. Ya le responderé después; primero quiero continuar mi entrenamiento. Mi visita a Max_Iron el día anterior valió la pena: conseguí 370 PExp después de aplastar todos los Mobs que encontré a mi paso, y hasta aprendí un par de comandos de lucha flipantes.

Para hoy busco algo más ambicioso, necesito Puntos de Experiencia, y los necesito YA. Hojeo la *Guía Imprescindible de MultiCosmos* en busca de un planeta para Cosmics un poco menos principiantes, y encuentro uno que está tan alejado de la galaxia Madre que no me molestará nadie. Se llama LavaLand y tiene la forma de un erizo de mar, donde cada pincho es un volcán en activo. El Transbordador me deja en la puerta en menos de diez minutos.

El paisaje recuerda a un infierno de bajo presupuesto, y los Mobs son unos enanitos de roca más feos que un repollo. ¡Es tan cutre que mola! Pero después de un rato ganando Puntos de Experiencia a base de mandobles, mi espada binaria se queda temporalmente sin energía. Genial, si al menos tuviera una cuenta PRO...

Los enanos acechan a poca distancia. Que no cunda el pánico; puede que tarde más tiempo, pero soy capaz de construir un arma con imaginación y un puñado de materiales. No necesito las cosmonedas de nadie.

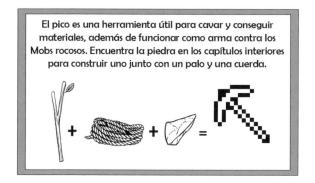

El pico es una herramienta útil para cavar y conseguir materiales, además de funcionar como arma contra los Mobs rocosos. Encuentra la piedra en los capítulos interiores para construir uno junto con un palo y una cuerda.

Cuando por fin estoy armado, vuelvo a la carga contra los enanitos de roca. El Constructor de LavaLand es un cerebro maquiavélico. ¡Los Mobs salen de donde menos te lo esperas! Suerte que mi nueva arma es rápida y los aplasto sin quemarme las pestañas. 15 PExp, 25, 50... ¡Qué pasote! ¡La ingeniería no se me da nada mal!

Con tanto fuego tengo que hacer un alto para hidratar a mi avatar (y a mí, de paso, que me meto demasiado en el juego). Aprovecho que no hay ningún bicho a la vista para abrir mi mochila y beber un poco de zumo de pantone, pero cuando meto la mano en la bolsa siento que algo se mueve. Mi primer impulso es soltar un gritito (en el mundo real, lo cual es más ridículo todavía).

—¿Va todo bien? —pregunta el abuelo desde la planta baja—. ¿Seguro que no te puedo ayudar?

—Sí, sí, abuelo. —No sé cómo podría ayudarme el abuelo con la Competición, si no es cocinando pasteles bomba para mis rivales.

Debo de sonar convincente, porque el abuelo no insiste y sube el volumen de la televisión. De vuelta a MultiCosmos, meto la mano otra vez en la mochila de Pandora y saco el huevo azul, el motivo de mi grito. Todavía está moviéndose, mientras unas finas líneas se dibujan en la cáscara. ¡Claro, tanto calor lo ha hecho eclosionar! Me quedo absorto mientras se agrieta de punta a punta. Un minuto después sale...

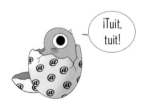

—Oye, tío, vuelve al huevo. Los Mobs de este planeta tienen malas pulgas y se encienden por nada.

—¡Tuit!

El pajarito se pone a volar a mi alrededor sin hacerme caso, por más que le ordeno que vuelva al inventario. Voy a meterme en un lío por su culpa.

—¡Ven aquí!

Me ignora y echa a volar lejos de mí. Tengo que ponerme a correr para no perderlo de vista.

—¡Eres un Mob! ¡No me hagas destruirte!

No sé cuántos Puntos de Experiencia perdería por cargarme un ave en peligro de extinción, pero no estoy dispuesto a comprobarlo. Durante unos minutos persigo al animal hasta que, sin darme cuenta, llegamos a la salida del micromundo. El pájaro tuitero apunta a la puerta con su pico. Claro, los Mobs no pueden desplazarse entre planetas, así que me necesita para salir de aquí.

Antes de que me dé tiempo a pensar una solución, el pájaro azul ya se ha metido de vuelta en mi inventario. Pero he captado la indirecta: quiere que viajemos a su mundo, Tuitonia. Ya tengo suficientes Puntos de Experiencia para entrar y he aprendido un puñado de comandos que me serán útiles. Ahora sí estoy preparado para descubrir qué se proponía ese misterioso encapuchado con su misterioso huevo.

\<Tuiteros, e-cologistas y ?????\>

Subo al Transbordador y marco el planeta Tuitonia como destino.

Es viernes por la noche (el primer viernes desde que arrancó la Competición), pero por suerte carga rápido y hace el recorrido en pocos minutos. Eso significa que el micromundo no ha recibido muchas visitas. Si es verdad que hay un Tridente de Diamante en este lugar, parece que todavía no ha trascendido. Confío en que nadie escuchase mi metedura de pata en clase.

21.17 h 1 hora y 43 minutos para la desconexión (o la llegada de papá y mamá, que es lo mismo)

Accedo a Tuitonia por la puerta principal y aparezco en una explanada de piedra gris, en medio de un gigantesco escenario verde. ¡Repíxeles! Este microcosmos es monumental; el Constructor ha debido de dedicar muchas horas para crear un mundo con tanto detalle.

Aquí y allá se elevan enormes monolitos de tierra rodeados de una espesa vegetación, y un acaudalado río fluye con bravura por la superficie. El cielo está tan cubierto de pájaros que cuesta distinguir las nubes.

Se supone que éste es un planeta de modo Exploración, así que no tendría que sacar mi espada para nada. Los únicos Mobs del planeta son los tuiteros, y con ese pico de periquito no harían ni medio agujero en mi uniforme. Uno de ellos revolotea a mi alrededor, buscando atención. Estoy a punto de tocarlo, cuando...

—¡Yo que tú no haría eso, hermano!

Me giro en redondo para ver de cara al Cosmic que ha aparecido a mi lado. Qué tipo tan raro; estoy tan acostumbrado a avatares de duendes, mercenarios y astronautas, que uno vestido con pantalones y camisa me parece una excentricidad. Tiene el aspecto de un hombre asiático de unos cuarenta años, con una fina barba oscura y dientes separados que exhibe con una sonrisa *buenrollera*. Si no fuese porque su nick (beOdi) flota sobre su cabeza, creería que es una persona de verdad.

—Estos pajaritos son muy delicados, el ecosistema se rebela cada vez que les hacen daño. No te aconsejo tocarlos a menos que te vaya la marcha, chico.

—Ah, hola. No pensaba hacerle nada. ¿Has venido por...?

—Estoy a punto de soltar «... el Tridente de Diamante», pero me muerdo la lengua a tiempo. Lo miro intrigado—. ¿Qué haces aquí?

—¡Ésta es mi casa, hermano! Soy miembro de la Asociación de Amigos de los Tuiteros, una ONG e-cologista. —beOdi suelta una carcajada nerviosa. Voy a tener que comprobar el oxígeno de Tuitonia, no sea que afecte al cerebro—. ¿Tú también vienes a ver los pájaros?

—Eeeh... Sí, sí. Son una pasada.

—¡Qué casualidad! Nunca viene nadie, y en los últimos días han aparecido cuatro avatares antes que tú. Aunque eran un poco raros... Parecían interesados en todo menos en nuestra fauna. —be0di se mesa la barba, como intentando encontrar una explicación.

Puedo imaginar el motivo: esos cuatro Cosmics han sido los primeros en conseguir un Tridente de Diamante, y seguro que Rebecca está entre ellos. Tengo que espabilar rápido y encontrar una excusa para despistar a be0di y empezar a buscar.

—¿Quieres que te acompañe a un nido de *Tuiterus internete*? No puedes acercarte demasiado por las leyes medioambientales, pero quizá podría hacer la vista gorda si me traes una botella de ginebrytes de cultivo ecológico...

—Prefiero ir a mi aire. —Acabo de recordar que tengo un tuitero en mi inventario—. Pero ¡gracias!

Me piro antes de que be0di me pida una cosmoneda para la asociación. No es que tenga nada en contra del medio ambiente (reciclo los envases y me cuido de no pisar las hormigas), pero los e-cologistas pueden ser un poco pesados. Para mi desgracia, el tío no se da por vencido.

—¡Espera, hermano! ¿No quieres que te haga un carné de socio de la asociación? Los hacemos con e-mails reciclados.

Tengo que correr como un demonio para perderlo de vista. Puede que en este mundo no haya Mobs peligrosos, pero los Masters han encontrado en los e-cologistas unos buenos sustitutos. Espero a alejarme lo suficiente para abrir mi mochila y liberar al tuitero. El pajarito no tarda ni una milésima de segundo en salir y aletear por su hábitat natural. Así, en su mundo, da gusto verlo. Uno comprende por qué existen estas reservas naturales incluso en el mundo virtual.

Pero el tuitero no se da por vencido, y después de dar tres vueltas a mi alrededor, me pica en el hombro y apunta hacia el norte, esperando a que yo lo acompañe. Estos tuiteros están obsesionados con que los sigan.

—Ni se te ocurra correr como la otra vez, ¿entendido? —le advierto.

En lugar de unirse a cualquiera de las bandadas de tuiteros que vuelan libres en el cielo, el pajarito aletea a ras del suelo con un ritmo que puedo seguir. Estamos en medio de una selva, llena de plantas con hojas más grandes que mi cabeza y flores color violeta y verde fosforito del tamaño de farolas. El pájaro tiene muy claro adónde va y me guía durante un rato interminable hacia el norte.

21.39 h 1 hora y 21 minutos para la desconexión

Trago saliva al comprobar la hora. La última vez que rebasé el toque de queda me castigaron un mes sin ordenador. Espero que ese Tridente no esté muy lejos.

—¡Tuit, tuit!

—Empiezo a agotarme —le digo al pájaro—. A ver, no es que mi yo real se canse físicamente, pero mi avatar necesita ♥ y tú eres el muslito de pollo que tengo más cerca. ¿Falta mucho?

Comienzo a dudar si el tuitero puede entenderme, cuando de pronto acelera el aleteo y me obliga a correr para seguirlo. ¡Qué difícil es avanzar por Tuitonia! Cada dos por tres choco contra ramas (❤❤ menos), tropiezo con lianas (medio ❤) y piso flores de las que emana un olor repugnante a gato muerto (un ❤). Tengo que beber varias pociones a la carrera para rellenar la barra vital. El pájaro no se detiene, lo cual me obliga a apretar el paso para no perderlo de mi campo de visión. Estoy corriendo a cien megapíxeles por hora cuando un enorme espacio en blanco aparece delante de mí.

Y tengo que frenar para que mi avatar no caiga al vacío...
—¡¡¡OOOMG!!!

Por los pelos... Mi avatar se sostiene en tierra por los tobillos, mientras que el resto del cuerpo se balancea sobre el abismo entre la vida y el GAME OVER. En el último segundo consigo caer de culo sobre tierra firme.

¡Qué cerca he estado! ¡¿Por qué nunca me empollo los mapas antes de lanzarme a la aventura?! Alex me va a matar cuando se lo cuente. Bueno, en realidad no le he dicho ni una palabra del huevo, y eso SÍ que va a cabrearla. Menos mal que no me podrá matar dos veces (o sí, pero no quedaré con ella en un planeta violento de MultiCosmos... por si acaso).

Lo que se muestra ante mí es un enorme vacío sobre el que flota la isla de Tuitonia. Activo la holopulsera y enseguida aparece en el aire un mapa holográfico con todos los entresijos del planeta.

¿Desde cuándo ????? es un lugar? Deslizo los dedos sobre el mapa para ampliar el islote misterioso, pero la holopulsera no puede cargar más información. Tampoco aparece mencionada en WikiCosmos ni en la *Guía Imprescindible*, algo que no me había sucedido nunca. ¿Cómo es posible que los Cosmicólogos hayan pasado por alto un islote de semejante tamaño? Abro el historial de actualizaciones de Tuitonia para salir de dudas y enseguida resuelvo el misterio: la última actualización del planeta se hizo hace menos de dos semanas. Ahora lo entiendo; ese islote es tan reciente que no aparece en ninguna enciclopedia. Los Masters lo han añadido en secreto.

Por desgracia, ????? está a demasiados megapíxeles de altura como para alcanzarlo de un salto. Si contase con mi pegaso, volaría hasta allí en un segundo, pero tengo que recordarme que ahora mismo soy un Cosmic con PExp y cosmonedas al mínimo para comprar cualquier cosa que se eleve dos palmos sobre el suelo. Me da igual, no pienso quedarme de brazos cruzados mientras vienen un montón de Cosmics cazatesoros detrás. Tengo que pensar en algo, y rápido.

Echo un vistazo a los elementos de Tuitonia; hay suficientes bloques de granito para construir diez pirámides de Guiza, pero me llevaría días levantar una torre hasta la isla; sin embargo, la flora es un recurso inagotable para los Cosmics: los árboles pueden proveerme de un buen puñado de madera, y las lianas tienen suficiente resistencia para aguantar mi peso. Eso es; voy a construir un lazo para ir saltando entre las rocas flotantes hasta alcanzar la isla ?????.

En pocos minutos reúno liana para confeccionar una cuerda de un megapíxel de longitud. Ato un extremo a la cintura de mi avatar, mientras que el otro lo enrollo a una cruz de madera que he tallado con la espada binaria (el arma está siendo más útil de lo que parecía en la armería, aunque tiene la manía de chisporrotear cada dos por tres). Después de varios intentos, consigo que el invento se enganche a una de las rocas flotantes y escalo con la lengua fuera. Cosas del planeta, el peñasco no se cae ni cede a mi peso, sino que resiste en el aire hasta que estoy encima. Daría saltitos de alegría si no fuese porque no me fío mucho de que aguante.

Repito el experimento una y otra vez sobre las rocas que flotan encima de mi cabeza hasta que sólo me falta superar una para alcanzar la isla ?????. Estoy a punto de lanzar el lazo de nuevo, cuando de pronto una fuerza desconocida me empuja por la espalda, me arroja contra la nada y sólo gracias a mis reflejos consigo agarrarme a la superficie y no caer al vacío. El estómago me da un vuelco cuando el islote gira sobre sí mismo, como una canoa cuando vuelca. ¡MAMÁAA!

La inercia devuelve el islote a su posición inicial, pero mi tembleque todavía dura. Saco la espada para repeler el ataque del Mob hasta que reparo que mis enemigos no son más que unos lindos tuiteros que pasaban por aquí durante su vuelo. Vaya, menudo ridículo he hecho. Reconozco al pajarito de mi huevo entre ellos, ajeno al susto que acaban de darme.

—¡Conque eres tú! —le grito enfadado. Todavía me tiemblan las piernas—. ¡Deja de trolearme!

Los minutos apremian y no quiero poner a prueba la paciencia de papá y mamá. Lanzo el lazo por última vez y consigo escalar hasta la isla ?????. ¡Hurra! Es hora de comprobar cuánto brilla ese condenado tridentito.

540 PExp ♥♥♥♡♡

Con sólo 540 PExp, ♥♥♥♡♡ y un susto de muerte, pero he llegado.

He llegado.

Estudio rápidamente el entorno: la isla flotante ????? tiene una superficie de un megapíxel cuadrado, no hay ni un arbolito para dar sombra y la única edificación es un cubo pequeño de color verde brillante en el centro. Mis dedos rozan la empuñadura de la espada por instinto, aunque-se-supone-que-en-este-planeta-nada-puede-atacarme. Compruebo la cuenta atrás: me quedan treinta minutos de conexión. Después del toque de queda, mamá es capaz de desenchufar el ordenador a las bravas aunque provoque un cortocircuito en la ciudad.

Los pies de mi avatar se hunden a cada paso, y es que el suelo tiene una textura perfecta de nube. Cruzo los dedos para no escurrirme y caer directo al vacío; con la mala suerte que tengo últimamente, seguro que la palmo justo un segundo antes de tocar el Tridente de Diamante. Pero

¡espera! ¡Basta ya de lloriqueos! ESTOY EN LA MALDITA TUITONIA Y VOY A CONSEGUIR LO QUE NO HA LOGRADO NA-DIE.

Bueno, sí, cuatro Cosmics antes que yo, pero tampoco hay que ser tiquismiquis.

Mi avatar llega hasta el gigantesco edificio construido con bloques de esmeralda, uno de los materiales más caros de MultiCosmos. Aunque supongo que la pasta no es problema para los Masters cuando tienes treinta millones de usuarios PRO pagando un pellizco en suscripciones. Le doy unos golpecitos con el puño a la cubierta exterior, pero no pasa nada.

—Hooooola. ¿Hay alguien en casa?

Nadie responde. El único sonido que escucho son los tuitidos de una bandada de pájaros que vuela a poca distancia.

De pronto aparece un mensaje sobre la superficie, como si fuese la pantalla de una tableta:

Coloca tu dedo índice sobre el escáner y pega aquí tu huella dactilar

—Vale, vale —respondo obediente. Espero que nadie se dé cuenta de que estoy hablando con la pared. Pongo mi dedo índice sobre el cristal y mi huella dactilar se imprime al instante. Me separo, las líneas adquieren un brillo ambarino y delante de mí se abre una puerta un poco más grande que mi avatar—. ¿Así de fácil? ¡Ja, soy un genio!

Pero no canto victoria. La experiencia cósmica me recuerda que cuanto más sencillo es el inicio de un reto, más mortífero es el final. Dentro siento un calor sofocante, y es que el interior del cubículo es una selva virgen mucho más salvaje que la que he visto antes en Tuitonia, y en ésta, además, no se observa un final por ninguno de los lados. Las medidas en MultiCosmos son relativas: aunque por fuera no sea más grande que una caja de cerillas, el interior puede ser tan amplio que albergue varias ciudades. Dentro todo es vegetación, a excepción de un sencillo puente colgante justo delante de mí. Parece bastante seguro, así que voy a cruzar. ¿Qué puede pasar?

Lo que puede pasar: nada más poner un pie encima, los tablones del puente colgante se inclinan y me arrojan sobre un foso de aceite hirviendo, aunque mis dedos son rápidos y consigo alcanzar el otro lado de chiripa, pero en el transcurso activo un resorte y una docena de flechas salen disparadas contra mí; me aparto en el momento exacto para que los proyectiles sólo me peinen el flequillo. Todavía estoy recuperándome de la sorpresa cuando una red salta por los aires y casi me arroja contra un muro lleno de clavos. ¡Tengo que escapar de aquí como sea!

Por fin en tierra firme. Mientras mi avatar recupera la respiración y celebra el último ♥ de vida, echo un vistazo fugaz a la *Guía Imprescindible de MultiCosmos*. Busco a toda prisa el epígrafe dedicado a planetas pacíficos. ¡¿No se supone que no puedo morir aquí?!

«Los planetas pacíficos se caracterizan porque sus Mobs no atacan a los Cosmics, pero eso no significa que los avatares no puedan perder la vida en otras circunstancias: los accidentes, incluyendo caídas o aplastamientos, pueden ser letales. También las trampas que incluya el Constructor.»

¡Genial, estoy en peligro de muerte! ¡¿Por qué no me avisó el e-cologista de la entrada?! Mi avatar corre durante cinco interminables minutos hasta que encuentro un recodo en el camino y consigue apartarse de la trayectoria de la canica asesina justo antes de que me aplaste como a un fichero comprimido.

La roca levanta una nube de polvo al caer al fondo del foso. Sólo cuando recupero la visibilidad, puedo ver un destello brillante entre la vegetación que me rodea; saco la espada binaria de la funda y me pongo a cortar leña para ir a su encuentro, atraído como una polilla a la luz. Los tuiteros de los nidos se alejan a mi paso, pero me da igual. Ahí hay algo que no se me va a escapar.

Y la veo. Después de atravesar la foresta alcanzo un pequeño claro cubierto de plantas por los cuatro costados, y en el centro, sobre un monumento de piedra, flota un Tridente, un tercio del Tridente de Diamante, rodeado de un aura iridiscente. La imagen deja boquiabiertos por igual tanto a mi avatar como a mí. Es el espectáculo más flipante que he visto en mi vida (y eso que cada mañana presencio a mi abuelo poniéndose la dentadura). Espero unos segundos para recuperar el resuello.

¡Crac! Hay alguien aquí cerca. Mi avatar se gira ciento ochenta grados para encontrar al culpable, pero no veo ni rastro de nadie. Qué raro, hace rato que me persigue la sensación de que hay alguien pisándome los talones. No suelto mi espada por si las moscas. Uno nunca puede fiarse.

Vuelvo a concentrarme en el Tridente y de pronto lo veo a un lado, echo un ovillo y mirándome con unos enormes ojos felinos. ¡Esto sí que no me lo esperaba! Pero ¿quién puede asustarse con algo así? Es sólo un precioso gatito de internet.

Los gatitos de internet son una raza en sí misma. Se pusieron de moda mucho antes de que yo naciera, cuando todo el mundo compartía sus fotos y vídeos graciosos y les dedicaban miles de *gifs* y *memes*. Se reprodujeron por todas las webs, y antes de que las autoridades cibernéticas se diesen cuenta, había más gatitos que arrobas. Aunque MultiCosmos prohíbe la creación de Mobs gatunos para evitar una nueva plaga, son tantos que de vez en cuando te cruzas con uno cuando viajas por los planetas. No hay rincón que se les resista, y yo simplemente LOS AMO.

—Hola, gatito bonito. Ay, gatito bonito. Qué bonito eres, gatito bonito.

El gatito maúlla y muestra su panza blanquecina para que se la rasque. No piensa moverse ni un píxel de donde está. Gatos... Siempre tan independientes. Es tan mono que...

¡Tengo que concentrarme! Este precioso gatito casi consigue que olvide mi objetivo, pero lo primero es lo primero, que es coger ese puñetero Tridente. Doy unos pasos y estoy casi encima. Puedo apreciar los dibujos esculpidos sobre la piedra: dos pájaros tuiteros postrando sus alas ante el Tridente, igual que si fuese su divinidad. Justo debajo leo una inscripción: «1/3». Vaya, no es muy jeroglífico, pero sí resulta práctico. Es la primera de las tres partes del Tridente de Diamante.

Me inclino ligeramente, estiro la mano que me queda libre...

Y la toco.

¡Enhorabuena!

Has conseguido el primer Tridente. Reto superado al

El mensaje de la pantalla es bastante escueto, pero no necesito más. ¡LO HE LOGRADO! LALALALALA. Soy el mejor. LALALALALA. Alex va a flipar cuando se lo cuente. Voy a tener que darle un montón de explicaciones, desde el encapuchado hasta el huevo, pero lo primero es escapar de este nido de trampas. Intento seleccionar la opción de Salida automática del menú, pero no funciona. El Constructor ha decidido que vuelva por donde he venido.

En cuanto me alejo dos pasos del pedestal, un nuevo Tridente aparece para el que venga detrás de mí. Sopeso mis posibilidades de huida y tomo el camino por el que he venido. Total, la roca rodante no podrá volver a perseguirme cuesta arriba, ¿no? Aunque con MultiCosmos nunca se sabe.

Sólo faltan diez minutos para que regresen papá y mamá y tenga que desconectar el ordenador. Mi avatar supera las trampas de vuelta a toda pastilla y sin despeinarse, pero justo cuando voy a cruzar la pasarela final y estoy a punto de salir, escucho un tuitido debajo de mi pie.

Miro la suela de la zapatilla y confirmo mi mayor miedo: he pisado un polluelo de tuitero sin querer. ¡Repíxeles! Ahora sí que la he liado.

Mis peores temores se cumplen cuando el Mob se desvanece bajo mi pie y aparece un –300 PExp en el aire. Debe de ser el único Mob que resta puntos cuando lo matas. ¡Ha sido sin querer! ¿Es que no me puede salir nada bien?

—Losientolosientolosiento —me excuso ante la mirada desafiante de otro tuitero que me observa de cerca. Por favor, que no sea su madre o se vengará. ¿Los Mobs pueden reproducirse? Tengo que investigar eso en WikiCosmos.

22.52 h. 8 minutos para la desconexión

Siento un ligero temblor en el suelo y cinco segundos

después, un crujido más alarmante. Esto se pone feo. Ahora me vienen a la cabeza las palabras de beOdi: nada de atacar tuiteros, bajo ninguna circunstancia. ¡Pensaba que exageraba, pero está claro que Tuitonia no piensa dejarme salir con vida!

Cruzo lo que queda del puente colgante como alma que persigue el diablo. Llego al otro lado de chiripa y salgo del cubo de esmeralda, me giro y compruebo cómo la cubierta se resquebraja por momentos. El edificio se está destruyendo delante de mí.

—¿¿¿Y todo por pisar un Mob sin querer???

Para empeorar las cosas, la nube sobre la que se erige el bloque también se está desintegrando. Me doy una carrera hasta el extremo desde el que puedo saltar al siguiente islote, pero se va a evaporar antes de llegar. Ya puedo darme por muerto.

¡Espera, tengo una oportunidad! La *Guía Imprescindible de MultiCosmos* decía que la gravedad de este planeta es más baja que la media, así que ha llegado la hora de comprobar qué tal se me dan los saltos de altura. Cruzo los dedos para que los Masters no hayan reprogramado las leyes de la física de Tuitonia, cojo carrerilla para dar un brinco digno de competición de hípica... Tres, dos, uno... ¡Y salto!

¡Qué flipe, esto es casi como volar! El islote flotante se tambalea cuando aterrizo, pero todavía resiste. Lo que no aguanta tan bien es ?????, que cae a trozos sobre el continente principal del mundo (y sobre mí). Espero que el *Tuiterus internete* no esté en temporada de apareamiento, o allá abajo se puede montar un festival gastronómico de huevos rotos.

Repito el salto volador y llego a la siguiente roca. Esto es como bajar los escalones de una escalera de veinte en veinte, pero con la tensión de que en cualquier momento puedo acabar aplastado.

No sé lo que resistirá este mundo, pero dudo de que antes pueda llegar a la puerta de una pieza. Estoy tan lejos de la salida del micromundo que no tengo ninguna posibilidad de hacerlo por tierra. Veo que un centenar de pájaros vuelan hacia mí asustados por los bloques que han caído en la selva y de pronto tengo una idea. Compruebo que he recogido suficientes lianas en mi inventario y pulso las teclas a toda prisa para cortar cuerda con mi espada binaria. ¡Tachán, ya está! He creado una red en tiempo récord. Éste es uno de mis comandos favoritos de MultiCosmos.

Un trozo de ????? a la deriva arrastra y destruye los últimos islotes que son mi escalera de bajada hasta Tuitonia, pero no pierdo la esperanza: una bandada de pájaros viene justo hacia mí. ¡Ahora o nunca! Lanzo la red sobre el grupo de Mobs y aprieto el nudo. La cuerda que une la red se tensa y empiezo a volar detrás de los pájaros como si fuese en parapente. ¡Mola ciervo!

Los pobres bichos están tan asustados que su vuelo es errático, pero estiro una de las dos cuerdas para redirigirlos al corazón de la isla, donde está la salida. Sólo un minuto para salir con el Tridente en la mochila. Esto de volar arrastrado por una bandada es lo más molón que me ha pasado en MultiCosmos. ¡Y gratis! ¿Quién quiere una cuenta PRO cuando puede resolverlo todo con ingenio? Los pies de mi avatar rozan la copa de los árboles, mientras cientos de fragmentos de cristal del cubo pasan a mi lado directos al suelo. Adiós a la reserva natural.

Los pájaros continúan su vuelo, ajenos al desastre; finalmente veo las líneas luminosas de la puerta de salida en el horizonte. Sólo me faltan unos segundos para salir y...

Tienes 1 mensaje nuevo de Amaz∞na

¡¿Justo ahora?! Descuelgo para hablar con el micrófono. Tengo los dedos demasiado ocupados con los controles de la red.

Amaz∞na: ¡Acabo de verlo! ¡HAS CONSEGUIDO EL PRIMER TRIDENTE! —Mi nombre ya debe de brillar entre los primeros Cosmics de la Competición.

Un bloque enorme cae delante de mí. Los pájaros lo esquivan en el último segundo.

Yo: Te llamo después. Ahora mismo me pillas *un poco* ocupado.

Amaz∞na: ¿¿¿Ocupado en qué??? —me chilla histérica. La puedo imaginar dando saltitos de canguro en su habitación—. ¡Tenemos que celebrarlo!

Yo: Ocupado huyendo de Tuitonia. Creo que me he cargado el planeta.

Amaz∞na: ¡¿Que te has cargado *qué*?!

Yo: ¡Hasta mañana!

Cuelgo el hilo de comunicación y me concentro en los mandos. Apunto los pájaros hacia la puerta y cruzo el marco de salida justo antes de que nos aplaste un enorme pedrusco caído del cielo, que bloquea el acceso para los siguientes Cosmics.

‹El Destrozaplanetas›

¡Ha sido sin querer!

He conseguido salvar mi vida en el último segundo. Mi avatar sube al Transbordador y pierde Tuitonia de vista. O lo que queda de Tuitonia, claro. ¡Yo no quería hacerlo!

El grito de mi hermano desde la escalera remata el momento de máxima tensión.

—¡Tu novia al teléfono!

—No es mi novia —protesto.

Para responder al teléfono tengo que bajar a la planta baja, y eso significa despegar el culo de la butaca del ordenador. Apenas he bajado dos peldaños y mi hermano ya está ocupando mi lugar. El Acuerdo del Desván no da tregua.

El teléfono fijo está en el salón. Normalmente odio hablar desde él, ya que es mucho más divertido comunicarse por MultiCosmos, pero estoy tan impaciente por comentar lo último que no me importa, incluso con la tele a todo volumen. El abuelo tiene el cerebro a plena potencia, pero lo que es el oído...

—¿¿¿Has visto mi nombre??? —le pregunto a Alex nada más descolgar. Me encantaría verlo yo en persona, pero me temo que Daniel no va a despegarse del ordenador hasta que la chica que le mola le dé a «Me gusta».

—¡Sabía que podías hacerlo! —chilla entusiasmada. Entonces reparo en que no le dije ni una palabra del tío encapuchado de El Emoji Feliz y estoy a punto de pedirle disculpas, pero mi amiga se adelanta—: ¿Ves como eras capaz de lograrlo, animalito? Si la Competición fuese sólo para usuarios experimentados, los Masters incumplirían el Principio MultiCósmico de Igualdad, apartado C. —Alex es la única Cosmic de la humanidad que ha leído las normas de uso—. Pero tú te empeñabas en no participar, así que no me quedó más remedio que darte una ayudita. Aunque luego, viendo que no me contabas nada, casi me lo vuelvo a pensar.

—¿Cómo? —Me quedo boquiabierto. El abuelo aparta la vista de la tele y me mira con aire interrogativo desde el sillón. Tengo que bajar el tono para que no me escuche, o no parará de preguntar—. ¿El encapuchado eras tú?

—¿Quién, si no? ¡Pues claro que era yo, mendrugo! Como no aceptabas la ayuda de una amiga, tuve que hacerme pasar por un desconocido para que picases. —Vale, ahora me siento el tío más tonto del universo... y el peor amigo.

—Entonces, ¿sabías dónde estaba el Tridente? —No entiendo nada—. Pero si Rebecca...

—Intenté decírtelo en el patio, pero no me dejaste —me echa en cara, y lo peor es que tiene razón—. Ya sabes cómo es Rebecca: le encanta pavonearse delante de todo el instituto, pero sería incapaz de encontrar su cabeza sobre los hombros. En cuanto entré en el ranking de la Competición y los curiosos vieron mi ciudad en el perfil, se adjudicó rápidamente mi identidad; se ha aprovechado de que yo prefiriese mantenerme en la sombra. La verdad es que no me costó descifrar la pista del mensaje de los Masters: descubrí que algunas letras del anuncio no tenían cursiva, y que unidas formaban la palabra «t-u-i-t-o-n-i-a». Enseguida comprobé que era un planeta, y el resto fue pan comido. Lo más complicado fue hacerme con un huevo, pero sabía que tú lo cuidarías bien y lo llevarías de vuelta con sus padres.

Esto es flipante. Alex ha sido una de los cuatro primeros Cosmics del mundo en superar una prueba de la Competición, yo he sido el quinto... ¡Y todavía estamos en primero de Secundaria! Vale que ella me ha ayudado un poco, ¡pero sigue siendo un flipe brutal! Hay millones de jugadores mucho mayores y más experimentados que todavía están intentándolo, aunque después de cómo he dejado Tuitonia, dudo que lo tengan fácil.

—¿Por qué no estás en el ordenador? —me pregunta Alex—. Se ha liado una gorda. ¡GossipPlanet está que arde!

Mi amiga me cuenta todo con pelos y señales. Por lo visto, mi tropiezo en Tuitonia no ha pasado desapercibido: las rocas han aplastado a media población de tuiteros y hay cientos de e-cologistas intentando salvar a los que quedan, mientras que el tal beOdi no ha tardado en relacionar la catástrofe con el Cosmic que se ha perdido en la selva esta noche y que acaba de entrar en el ranking. Así han atado cabos hasta deducir que el primer Tridente está allí, y mientras unos se esforzaban por proteger lo que quedaba de reserva natural, han llegado millones de Cosmics a hacerse con el trofeo. En pocos minutos se ha armado un follón tan gordo que los Masters han tenido que cerrar el planeta por unas horas, mientras reprograman el cubo y llevan a todos los pajaritos que quedan vivos a una selva más tranquila.

—Entonces, no podrán conseguir el Tridente hasta nuevo aviso, ¿no? —pregunto esperanzado. Se me ha olvidado que tengo que mostrar más sensibilidad con los pajaritos; Alex es una amante de la naturaleza, incluso la virtual.

—Exacto, y eso nos da un tiempo valioso, pero... —Se muestra preocupada—. Hay un Cosmic que ha conseguido el Tridente sólo unos segundos después de ti. ¿No había nadie contigo?

—¿Eing? Claro que no. Estaba completamente solo. —De pronto me acuerdo del gatito, pero es imposible que fuese un usuario. Todos los Cosmics tenemos nuestro nick flotando sobre la cabeza—. Aunque ahora que lo dices... tuve la sensación de que alguien me seguía.

—Pues ese alguien se llama Corazoncito16, y ha conseguido el Tridente a tiempo. —El nick no me dice nada. Estoy seguro de que es la primera vez que lo oigo—. Es mucha casualidad... Pero no nos distraigamos con eso. ¡¡¡Ahora somos un equipo!!!

—¿Qué dices? —le respondo indignado—. Yo juego solo. Soy un Cosmic de espíritu libre.

—Sí, claro, y yo una destrozaplanetas. —Los dos nos reímos de buen humor, aunque ella más que yo—. Admite que me necesitas: sin mi ayuda jamás hubieses llegado a Tuitonia ni te habrías hecho con el Tridente. —Mi silencio es suficiente respuesta para Alex, quien añade, dándose por satisfecha—: ¡Estupendo, porque estoy atascada con la pista del segundo Tridente!

Me siento en la mecedora de papá para escucharla mejor. Le pido que lo repita.

—¡Claro, es que no has tenido tiempo de ver tu inventario! Hay una pista que nos lleva a la siguiente fase, pero es difícil. Vamos a tener que trabajar juntos para conseguir resolverlo antes que los otros Cosmics del ranking. ¡Haremos historia, animalito!

Enseguida nos ponemos a discutir estrategias por teléfono. Cuando la madre de Alex la manda a la cama desde el otro lado de la línea, asumimos que es hora de colgar. Justo en ese momento oigo el motor del coche de mis padres en el jardín y subo las escaleras para acostarme.

Las palabras de Alex rebotan una y otra vez en mi cerebro mientras sonrío en mi cama. «Haremos historia.»

<Un objeto rarísimo>

Los Masters necesitaron unas horas más para reprogramar Tuitonia, y los e-cologistas no consiguieron tranquilizar a los tuiteros hasta el sábado por la noche, pero a mediodía del domingo ya había medio millón de Cosmics con un Tridente en su haber. Por lo menos, Amaz∞na sigue siendo la cuarta y yo el quinto del Top; el misterioso Corazoncito16 me pisa los talones con su sexta posición. A continuación, miles y miles de avatares que entraron en el planeta en cuanto se filtró la noticia.

El lunes tenemos un examen de geografía, así que Alex y yo no nos podemos concentrar en la pista del segundo Tridente hasta que suena el timbre del final de clase. Estamos cogiendo unos libros de la taquilla cuando escuchamos a Rebecca cuchichear rodeada de su Quinteto Borrego:

—Está chupado. El único motivo por el que no he cogido todavía el segundo Tridente es porque estoy a tope con la organización de mi fiesta de cumpleaños.

Fue idea de Alex mantener en secreto nuestra identidad, pero a mí me dan unas ganas de desenmascarar a Rebecca que no me caben en el avatar. Cree que en el instituto no nos dejarán en paz si se enteran de que fuimos de los primeros Cosmics en conseguir el Tridente, y quizá tenga razón. Menos mal que nadie en el Nelson Mandela conoce nuestro nick; por una vez me alegro de pasar desapercibido entre tanto fantasma.

Nos cuidamos mucho de no pronunciar ni una palabra de MultiCosmos hasta que hemos perdido el edificio de vista. Entonces nos sentamos en un banco del parque, Alex saca su móvil del bolsillo pequeño de su mochila y yo voy a hacer lo mismo cuando me acuerdo de que lo tiene la Menisco. Echamos un vistazo rápido al ranking. Continúa igual, con el archifamoso Qwfkrjfjjirj%r, alias Qwfkr, en primera posición. Alex y yo estamos igual de atascados que ayer.

Mi amiga abre su inventario para comprobar si a la quincuagésimo tercera va la vencida y se nos enciende la bombilla de golpe. Me acerco a la pantalla del móvil para ver bien la pista que el primer Tridente dejó en nuestro inventario: consiste en una pequeña pieza de metal, con un tubo fino en un extremo y una superficie plana con forma de trébol en el otro. El objeto no incluye ninguna descripción y los metadatos están en blanco. Los Masters no lo iban a poner tan fácil.

—Podría ser Mickey Mouse aplastado por una apisonadora y cubierto de metal —sugiero.

—Descartado: los Cosmics han invadido el planeta DisneyCosmicWorld y no han encontrado ni rastro del Tridente. Mary Poppins los ha tenido que echar con su paraguas-metralleta.

—¿Y si es una flauta? —sugiero fijándome en el tubo—. No he conseguido hacerlo sonar, pero la verdad es que no conozco comandos musicales.

Alex suspira resignada y niega con la cabeza. Ya lo ha pensado antes que yo.

—Tampoco. He visitado varios micromundos de clubes de música y orquestas, y nadie ha visto un instrumento así jamás. Descartado.

Entre las horas de clase y las teorías multicósmicas de los últimos días, mi cerebro no da más de sí. Alex y yo hacemos el camino de vuelta a casa arrastrando los pies, convencidos de que el éxito inicial ha sido un espejismo y de que nunca nos haremos con los otros dos Tridentes. Después de todo, no somos más que unos chavales; allá fuera hay miles de Cosmics con muchos más Puntos de Experiencia y el bolsillo lleno de cosmonedas capaces de cualquier cosa por ganar. Yo ni siquiera tengo una cuenta PRO para moverme entre mundos.

Al llegar a casa encuentro al abuelo en la cocina preparando uno de sus platos. Nada más verme me da un cachete en el hombro y me invita a sentarme a la mesa. Antes siquiera de darme tiempo a preguntar, saca del horno la galleta de chocolate más grande del mundo y merendamos juntos. El abuelo mola mucho.

—Espero que hayas recuperado mi teléfono móvil, porque ya no me quedan excusas para tu madre —me dice después de un rato. Casi consigue que se me atragante la galleta.

El mundo se me cae a los pies. Todavía no he pensado un trabajo para la clase de la profesora Menisco, y no quiero ni imaginar la bronca de mamá si descubre que llevé el Yayomóvil al instituto. Cuando intento explicárselo al abuelo, me manda callar. Le ha entrado un ataque de risa de aúpa.

—Ahora entiendo la confusión. —Sus carcajadas retumban en las paredes de la cocina—. El otro día tu madre llamó al móvil y respondió tu profesora. Después colgó a toda prisa. ¡Ahora tu madre se cree que me he echado novia!

—¡LOL! —exclamo, muerto de risa.

Al abuelo se le va el buen humor y cambia la cara igual que si hubiese insultado a sus ancestros (que también son los míos).

—¿Lo-qué? —me pregunta desconcertado.

—LOL, abuelo. Significa «me meo de risa».

—Pues di que te meas de risa, leñe. Ni que hablases marciano.

Mamá no se tragará la bola eternamente. Tengo tan mala conciencia por perder el móvil que me pongo a pensar la redacción de Menisco en cuanto termino de merendar. Saco el cuaderno y escribo la primera línea con letras enormes:

«Las matemáticas son importantes para mí porque...».

Porque... Vuelvo a quedarme en blanco. La única respuesta que se me ocurre es «porque quiero recuperar el móvil del abuelo», pero dudo que eso le sirva a la Menisco. Además, con esa frase no ocuparía ni dos líneas, y debo escribir diez páginas para que me levante el castigo. Tengo talento escribiendo con letra gigante y muchos márgenes, pero mi técnica no llega a tanto. «Porque es la asignatura más interesante del universo.» De un universo paralelo, porque del nuestro, imposible. No se me ocurre nada por más vueltas que le doy, y después de un rato perdido no me queda más remedio que apartar la redacción y hacer el resto de los deberes. Los profesores son despiadados: nos cargan de ejercicios a sabiendas de que estamos ocupados con la competición de MultiCosmos.

Ya es de noche cuando mamá se escapa de la redacción del diario y consigue lo más difícil: que cenemos en familia (y sin el ruido de la televisión). Siempre está protestando porque Daniel y yo pasamos mucho tiempo en nuestra habitación, pero lo cierto es que papá está casi siempre volando, y mamá no sale del trabajo hasta tarde. Lo de hoy es un hito.

—Tengo una noticia buenísima que daros —nos dice en cuanto ponemos el culo en la silla—. Aprovechando que el martes que viene tengo la tarde libre..., ¡nos vamos de excursión familiar!

Mira a su alrededor esperando aplausos y una nube de confeti, pero lo único que encuentra es un espeso silencio.

—¿Toda la tarde? He quedado para ir al parque con mis colegas —dice Daniel.

—¿No podría ser en otra ocasión? —pregunta el abuelo—. Ese día es la final de *Recetas Extremas*.

—¡No puedo! —protesto. La Competición está al rojo vivo. ¿Cómo voy a despegarme del ordenador durante un día entero?—. Tengo... Tengo que dar de comer a los peces.

—¿Desde cuándo tienes peces? —pregunta extrañada mamá.

—Pensaba comprarlos esta semana —contesto como excusa.

Mamá murmura que estaba claro que no queríamos colaborar, pero ella sigue en sus trece:

—¡Basta de excusas! Estoy harta de veros todo el día pegados a la pantalla del ordenador o absortos con el móvil. El trabajo no nos deja pasar con vosotros todo el tiempo que nos gustaría —se disculpa mamá—, pero no pienso renunciar a nuestro plan familiar. Será una tarde *de sueño*.

Del sueño que me va a dar, mejor dicho.

Me conecto a MultiCosmos antes de irme a dormir. Los deberes me han tenido tan ocupado que no he podido iniciar sesión en todo el día, y recibo la alerta de varios mensajes. Hay un montón de Cosmics que quieren saber cómo hice para descubrir el primer Tridente, y un tal aPLast4paja-R1tos me pregunta qué se siente cuando matas a un *Tuiterus internete*. La red está plagada de pirados.

Sin embargo, hay una novedad en el ranking de la Competición. El Top ha vuelto a moverse para colocar a Corazoncito16 en primera posición, lo que sólo puede significar una cosa: ha conseguido el segundo Tridente. ¿Cómo habrá resuelto la pista?

Abro mi inventario para estudiarla una vez más, a ver si descubro alguna marca o inscripción que me haya pasado por alto... Pero nada. Esta pieza de metal no significa nada para mí. Pruebo a doblarla o quemarla, sin éxito. Es un completo misterio. Estoy a punto de cerrar la ventana cuando escucho una voz justo detrás de mí.

—Vaya, la llave de un juguete de cuerda —dice el abuelo, que ha subido al desván con más sigilo que un jedi—. ¿Es que se han puesto otra vez de moda?

Me giro y miro boquiabierto al abuelo. Vuelvo a poner la vista sobre la pieza, el mayor enigma desde la construcción de las pirámides.

—Yayo, ¿tú sabes qué repíxeles es *esto*? —Pego el dedo a la pantalla.

El abuelo asiente con naturalidad, como si le preguntase cuántos son dos más dos.

—Es una llave para dar cuerda a los juguetes antiguos, de la marca Troybol, concretamente. ¡Así me divertía yo a tu edad, cuando no teníamos internet y esas cosas modernas!

—¡Eres el mejor abuelo del mundo! —Mis dedos tiemblan cuando introduzco «Troybol» en el motor de búsqueda. Al momento aparece un centenar de resultados, entre ellos la llave de sus juguetes de cuerda; por lo visto, cada marca tenía uno propio, y no hacía falta ninguna inscripción adicional para distinguirlos. Es increíble, pero creo que el abuelo ha dado en el clavo. No ha parado de ofrecerme su ayuda desde el primer momento, y yo lo ignoraba porque pensaba que con sus años no tendría nada que aportar. Y al final... ¡son sus años los que han aportado el plus de experiencia!

—Qué bien lo pasábamos... —reconoce el abuelo tras dar un largo suspiro de emoción.

Se sienta en el taburete de al lado y empieza a contarme sus batallitas de niño. Mientras tanto, ciño la búsqueda de Troybol a WikiCosmos y sólo encuentro un resultado. Leo con atención:

«El planeta Juguetopía, de la galaxia Óciter, contiene la mayor muestra del universo de juguetes de todas las épocas y lugares. Fue creado por varios coleccionistas del mundo con el propósito de recopilar piezas únicas de compañías desaparecidas como Leszup S. L., Muñecas Popus o Troybol. El planeta recibe un promedio de 21 visitantes al año y no se tiene registro de avatares residentes.»

—¡Un palo! —exclama el abuelo. Casi me había olvidado de él, envuelto en sus ensoñaciones—. ¡Me daban un palo y podía jugar durante cinco semanas! Eso sí que era imaginación.

Abro el hilo de comunicación con Amaz∞na; no pienso volver a ocultarle nada nunca más. Mi mensaje es breve, pero contundente:

Yo: Pista n.º 2 RESUELTA. ☺

‹Juguetopía›

¿Quién puede atender en el instituto cuando tiene la clave para conseguir el segundo Tridente? En clase de biología llamo «cosmic» a la «simbiosis», mientras que en la prueba de historia escribo «Napoleón fue el emperador de Tuitonia» por descuido, y lo remato con un enorme tachón en el papel. Peor aún en la clase de matemáticas, donde la Menisco no me perdona ninguna distracción. La anciana da vueltas a mi pupitre igual que una hiena al acecho para pillarme en un descuido.

—Sigo esperando su redacción, jovencito —me dice al terminar la clase. Estoy a punto de inventarme una excusa, pero levanta su mano de momia para mandarme callar—. Queda advertido: si no me entrega la redacción el lunes, llamaré a su casa para informar a sus padres de lo que hace en clase.

La amenaza me produce un escalofrío de la cabeza a los pies y salgo del aula cabizbajo. Alex me está esperando en las taquillas para ir juntos a comer.

—Tienes que concentrarte en las clases si no quieres meterte en un problema mayor. —Para ella es muy fácil decirlo. Las ecuaciones se le dan muy bien, como prácticamente todo lo demás. A veces me da un poco de asco, pero sólo un poco, y se me pasa enseguida.

—¿Cómo voy a escribir diez páginas sobre lo importantes que son las matemáticas? —protesto—. ¡Si no puedo sumar cantidades de tres cifras sin dormirme al instante!

Alex y yo comemos en un rincón del comedor: ella el plato ecológico que ha traído de casa y yo la grasienta comida del menú escolar. Aunque ella no enciende el móvil ni bajo amenaza de muerte, la noticia de que Qwfkr se ha hecho con el segundo Tridente corre como la pólvora; la mayor parte del instituto da por hecho que será el ganador de la Competición.

Una tal Matista ha sido la siguiente en lograrlo, de modo que, junto con Corazoncito16, ya son tres los que han completado el 66% del juego.

Nosotros hemos resuelto la pista, así que no damos la guerra por perdida. Pero primero tenemos que preparar la estrategia para abordar Juguetopía, así que hablamos bajito para que Rebecca y los suyos no escuchen nuestra conversación.

—El plan es sencillo: esta noche nos conectamos a la vez y subimos al Transbordador —repasa Alex—. Ponemos rumbo al planeta Juguetopía y buscamos el Tridente. ¡Será muy fácil!

—¿Fácil? Todavía me estoy haciendo a la idea de haber conseguido el primer Tridente antes que millones de Cosmics con más años y experiencia que nosotros. —Un 25% de mí está asustadísimo, pero el otro 95% todavía chilla de la emoción por haberlo conseguido.

—Nadie forma un equipo como el nuestro. —Alex me guiña un ojo y le da un mordisco a su hamburguesa de tofu. Continúa hablando con la boca llena—: ¿*Haf penfado* qué haremos *fi fuperamof* el nivel y *confeguimof* el Tridente de Diamante a la *vef*? ¿Cómo lo *haremof* para repartir el premio?

—Lo normal sería que yo me quedase con el arma imbatible —digo como si nada—. Tú no la usarías.

—Y yo me quedo con el honor y los puntos —añade Alex, burlona. No sé si habla en serio.

—Un millón de PExp y una réplica del Tridente de Diamante. —Los ojos me brillan al recordarlo. Sueño con el momento—. ¿Cuánto es la mitad de un millón? ¿Un mediollón?

Alex se ríe.

—¿Ves como sí que necesitas las matemáticas?

Planeta Juguetopía
Galaxia óciter
Modo Conocimiento
Cosmics conectados: 0

Por la tarde, a las ocho, nuestros avatares se encuentran en la puerta de entrada de Juguetopía, un planeta olvidado como tantos otros construidos durante la burbuja urbanística digital. Menos mal que no hay más Cosmics a la vista: el avatar de Amaz∞na, una elfa-enana bajita y rechoncha, es muy conocido en la red por su canal de vídeos, y nuestros nicks han sonado en todas partes durante la última semana después de entrar en el Top de la Competición. Alex y yo activamos nuestros micrófonos para poder comunicarnos por voz.

—¿Preparado? —me pregunta.

—Al lío.

Esta vez sí he buscado por adelantado un mapa del planeta. Voy aprendiendo. Muevo la cabeza de mi avatar para observar todos los rincones de la pantalla y descubro lo que parece un cuarto gigante de juegos. El cielo es el techo de la habitación, aunque está a varios millapíxeles de distancia. Amaz∞na y yo no somos más que figuritas a escala.

Aquí y allá vemos juguetes rotos y olvidados, reproducciones de antiguallas que seguro que el abuelo reconocería al instante. Empezamos a caminar (tengo la mano izquierda rozando la empuñadura de la espada binaria, por si las moscas) y nos cruzamos con varias escenas malrolleras: un yoyó enredado a las patas de una silla gimoteando como si estuviese ahorcado, un tamagotchi en estado cadavérico y una muñeca Bratz sin piernas y con la mirada vacía.

—No me gustaría jugar aquí —dice Amaz∞na.

El Constructor de Juguetopía quiso que los visitantes lo recorriesen como una exposición; sólo podemos seguir un camino, como en Ikea pero sin atajos, y nuestros avatares continúan la ruta siniestra entre juguetes abandonados a cada cuál más escalofriante. Algunos tengo que tocarlos con la punta de la espada para confirmar que no son Mobs peligrosos esperando el momento de atacar.

—¿Qué buscamos exactamente? —me pregunta Amaz∞na, que se ha parado delante de un tractor al que le faltan las ruedas traseras—. Prefiero las trampas mortales de Tuitonia... Este sitio me pone los pelos de punta.

—Tenemos que encontrar un juguete de Troybol, que es a donde nos lleva la pista. Espero que los cartelitos de la exposición nos ayuden.

Después de cruzar la sala de los muñecos articulados y una galería de peonzas eléctricas, alcanzamos un vestíbulo en penumbra donde no se ve a tres pasos de distancia. Tengo que acercarme a un cartelito explicativo de la sala para comprobar dónde nos encontramos.

JUGUETES DE CUERDA TROYBOL

—¡Es aquí! —chilla Amaz∞na, tan cómica ella con su avatar de elfa-enana.

Hay poca iluminación en la sala, así que activo la función de luz de la espada binaria. ¡Repíxeles, qué petardazo pega! El arma está defectuosa, pero después de darle unos golpecitos consigo arreglarla para que proyecte luz. La estancia, de unos veinte por veinte pasos de largo, se revela ante nosotros con sus formas y colores. Hay un montón de juguetes antiguos de hojalata, incluyendo una siniestra bailarina y un hombre de negocios con sombrero del tamaño de mi avatar; los dos tienen un orificio en uno de los costados por donde introducir la llave y dar cuerda para ponerlos en movimiento, pero yo prefiero no hacerlo si puedo evitarlo.

—Un saco de clavos es un juguete más divertido que éstos —digo en voz baja. Amaz∞na asiente; por la expresión de su rostro, está tan asustada como yo.

Lo más inquietante es el tiovivo del centro de la sala; en vez de haber los típicos caballitos o diligencias en los que montar, en éste hay monstruos como serpientes aladas, esfinges o un cerdo-puercoespín. A diferencia del resto de los juguetes del planeta, el tiovivo brilla como si lo acabasen de instalar allí y su diseño no se parece en nada al del resto. Sobre el tejado y a modo de remate, brilla un trébol en luces LED idéntico al de la llave. Amaz∞na y yo nos cruzamos una mirada significativa: hemos llegado.

—Como esa esfinge me salte encima, apago inmediatamente el ordenador y al cuerno con los millones —advierte mi amiga, que no le quita el ojo a la criatura medio león medio humano. Tiene su flauta defensiva cargada.

—El millón. Medio millón si nos lo partimos. Pero no te preocupes por los enemigos: en este planeta no hay Mobs. —Pretendo animarla, pero entonces reparo en que la información de WikiCosmos la actualizan los propios usuarios, y que si los Masters han añadido monstruos peligrosos recientemente, nosotros dos vamos a ser los primeros en comprobarlo. Prefiero no comentarle este detallito a Alex.

Una flecha señala la abertura para introducir la llave del tiovivo. Amaz∞na saca la suya del inventario, comprueba satisfecha que encaja a la perfección y le da varias vueltas sin dejar de vigilar a los monstruos. Los dos contemplamos asustados cómo se acciona el mecanismo.

Primero suena una música tan espeluznante que podría ser el himno nacional de Mordor, y a continuación el tiovivo empieza a girar. ¡Las figuras están descendiendo! ¡El juguete es un ascensor!

Tenemos que darnos prisa. Antes de que la plataforma desaparezca, Amaz∞na monta sobre el cerdo-puercoespín y yo sobre el hombre del saco. Cada vez gira más rápido, y no tengo ninguna pastilla contra el mareo en el inventario. ¡Como no pare pronto voy a echar una pota de píxeles! Una milésima de segundo antes de perder de vista la sala, veo de frente un precioso gatito perdido por el MultiCosmos, observándonos con sus enormes ojos brillantes. Entonces la sala desaparece y el tiovivo inicia un largo descenso.

‹Las tres pruebas›

—¿Qué sitio es éste? —pregunto en voz alta.

El tiovivo ha descendido durante más de diez minutos y calculo que estamos a unos treinta megapíxeles de la galería. El ascensor se ha detenido en una sala iluminada con luces en el suelo, y la única salida es una puerta circular que parece una madriguera espacial.

Amaz∞na se muerde el labio inferior al comprobar algo en la holopulsera. Mala señal.

—Según mi localizador, hemos salido del planeta Juguetopía. No consigo descargar ningún mapa, y tampoco funciona la brújula.

—Estupendo. —En el fondo me alegro de que aquí no sirvan los privilegios PRO—. Pues tendremos que hacerlo como principiantes: caminaremos hasta encontrar la salida.

La puerta chirría al empujarla. Los Masters se podrían haber preocupado de engrasar las bisagras.

—Tú primero —le digo como el caballero que soy.

—Por supuesto, pero no porque sea la chica, sino porque seré más útil que tú si un Mob nos ataca por sorpresa.

—Alex siempre tiene respuesta para todo. Pasa delante de mí sin miedo.

Al otro lado nos topamos con una sala infinita con escaleras por todas partes. Éstas se dirigen arriba, abajo... pero también a los lados, y algunas son tan intrincadas que sólo un Constructor enloquecido podría haberlas diseñado.

—¡Venga! ¡El segundo Tridente no espera!

Alex toma la iniciativa e inicia el descenso por la escalera que tenemos delante; es casi tan estrecha como mi avatar y no tiene barandilla. Lo único que se ve abajo son más escaleras enredándose entre sí y girando sin sentido, como si fuese un laberinto interminable. Unas lámparas de hierro repartidas sin ton ni son arrojan una luz enfermiza a la sala, la misma iluminación que un vampiro instalaría en su castillo. Para aumentar el rollo, un montón de hojas de árbol secas caen por las escaleras y se pegan a nuestra ropa.

—¡Espérame! —le digo. Este sitio me da repelús.

La escalera gira a la derecha, después se bifurca en dos

direcciones y tomamos la que lleva hacia arriba. No hay ni rastro de puertas por ningún lado. Continuamos subiendo y bajando durante un rato, eligiendo rutas por pura intuición, hasta que nos encontramos con una escalera que da un giro en vertical. Hemos llegado a un punto sin salida.

—Es para volverse loco —refunfuña Amaz∞na. Su avatar se da la vuelta para buscar otro camino.

De pronto, una hoja seca surge del final de la escalera, como si remontase el camino, y se pega a mi zapatilla de explorador. En este lugar no corre ni un soplo de aire, así que es imposible que se haya elevado como lo ha hecho... a menos que estuviese cayendo, y eso es imposible porque significaría...

Me asalta una idea temeraria. Me armo de valor y pongo un pie en el último escalón... Doy un paso más al frente y caigo al vacío. Ya puedo decir adiós a mis ❤❤❤❤❤, a los míseros PExp y a la Competición.

Amaz∞na grita mi nombre un segundo antes de desaparecer de la pantalla. Sin embargo, no he muerto ni ha saltado el GAME OVER. La fuerza de la gravedad ha cambiado de sopetón y estoy en el siguiente tramo de la escalera, en postura vertical, mirando al avatar de mi amiga desde un ángulo de noventa grados. Eso explica lo de la hoja seca. Lo que para ella era caer, para mí era subir, sólo por una cuestión de perspectiva. Están locos estos Masters.

—Omg... —balbucea Amaz∞na desde su sitio. La elfa-enana tiene una expresión muy divertida con los ojos como platos.

Mi amiga sigue mis pasos para ponerse en la misma perspectiva. No tardamos en comprender que el Constructor ha reconfigurado a su capricho la gravedad de la sala, y que tenemos que arrojarnos al vacío para poder avanzar. Preferiría batirme contra mil Mobs con patas de araña antes que seguir un minuto aquí.

Así avanzamos durante un buen rato, al punto que perdemos completamente la orientación. Después de un rato de giros imposibles, cuando ya no sabemos si estamos arriba o abajo, si subimos o bajamos, divisamos un arco de medio punto no muy lejos de donde estamos. ¡Por fin vemos la salida del laberinto!

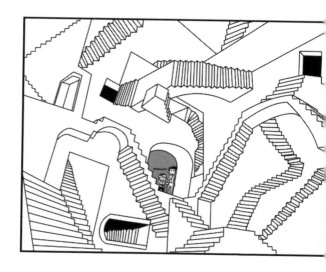

¡¡¡Llegamos!!! Antes de continuar tengo que echar mano del inventario y comer un muslito de pollo para reponer energías. Amaz∞na hace lo mismo, pero con un rábano.

—Vale que seas vegetariana en la vida real, pero ¿tu avatar tampoco puede comer carne?

—¿Carne? ¡Qué asco! No sé cómo puedes comerte *eso.* —Amaz∞na observa mi comida y frunce el ceño mientras mordisquea su rábano con más ganas que antes.

Después de cruzar la Sala de P'arriba-P'abajo y recargar las pilas, es hora de continuar. Nos ponemos en marcha y pasamos al siguiente nivel.

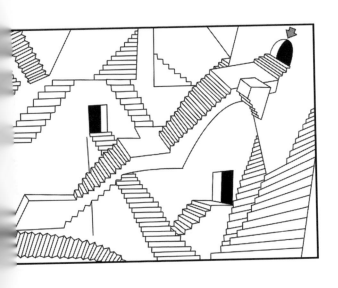

La siguiente sala es mucho más pequeña que la anterior. Tan pequeña que Amaz∞na y yo tenemos que apretujarnos para entrar a la vez.

—Menos mal que somos avatares pequeños —dice ella—. ¿Cómo lo harán para entrar los Cosmics con avatares gigantes?

Estoy buscando una respuesta ingeniosa cuando una vocecita aguda grita muy cerca de mí:

—¡Ey, no me aplastes! ¡Quita tu culo cósmico de encima!

—Te dije que ampliases la sala —replica una vocecilla casi idéntica, también entre nosotros—. ¡Pero no, tú querías dejarlo como está! ¡Y ahora tengo una goblin aplastándome!

—¡Oye! —protesta Amaz∞na—. No soy una goblin, soy una elfa-enana.

—Sí, claro, y yo Justin Bieber.

Se escucha un pitido a nuestros pies, salen unos vapores de las aristas y de pronto la sala se extiende unos píxeles por cada lado. Amaz∞na y yo nos incorporamos y estiramos nuestras extremidades virtuales, mientras un par de bolitas negras se alejan corriendo y suben por la pared hasta la altura de los ojos.

—¡Bienvenidos!

—No sois Cosmics diminutos, ¿verdad? —pregunta Alex mientras los estudia a poca distancia. No hay nicks sobre sus cabezas—. Debéis de ser Mobs...

Los dos echamos mano a nuestras armas instintivamente, pero las criaturas, tan inofensivas como bolitas de roña, no tienen prisa por atacarnos. Más bien están encantadas de ver a alguien.

—¡Apenas han venido tres antes que vosotros! —dice uno de ellos—. Y eso que la pista no era *tan* difícil. Si tardáis un poco más, salimos del planeta a buscaros. ¡Esto es un aburrimiento!

—Podrías tener más tacto —protesta la otra pelusa—, porque cuando lamentas lo aburrido que es este lugar, estás menospreciando mi compañía.

—Por eso mismo —se reafirma el primero, demasiado pequeño como para distinguir su expresión; nunca había visto Mobs con tanto desparpajo. Normalmente son máquinas de matar, salvo cuando los programan para ser útiles, como asistentes o guardias de tráfico. Estos dos, por el contrario, mantienen una conversación tan entretenida que Amaz∞na y yo no nos atrevemos a intervenir. De pronto nos miran como si hubiesen recordado que estamos aquí—. ¡Ah, claro! ¡Venís a por el Tridente!

—¿Sabéis dónde está? —pregunta mi amiga.

—Oh, claro, pero no podemos dároslo así como así. Primero tenéis que resolver una prueba. Pero no será muy complicada... —Los Mobs se ríen por lo bajini—. Sólo tenéis que decir cuántos somos.

Los dos se elevan en el aire y se cruzan en una espiral. Vuelven a su posición inicial como si hubiesen hecho la mayor pirueta de la historia.

—Sois dos —digo muy convencido—. Puede que las mates se me den mal, pero todavía sé contar.

—¿Seguro que somos sólo dos?

Las dos bolitas negras se ríen al tiempo que se funden con la pared que tienen detrás, que se oscurece hasta volverse completamente negra. A continuación aparecen varias líneas blancas horizontales y verticales que se cruzan, creando una rejilla con un círculo blanco en cada intersección.

Veo dos puntos blancos, los Mobs, en una de las cruces de líneas. Sonrío satisfecho.

—Sí, dos.

Pero, de pronto, los puntos blancos desaparecen del lugar donde estoy enfocando la vista y aparecen en otro sitio. Cuando quiero contar de nuevo, se desvanecen y pierdo la cuenta. Me fijo con atención y no sé si son uno, dos, tres o quince.

El agudo sentido de la vista de la elfa-enana tampoco da resultado. Amaz∞na no para de murmurar números sin sentido, mientras cuenta y recuenta los puntos negros una y otra vez.

—¿Seis? —pregunta Amaz∞na, dubitativa.

—Error —responde uno de los puntos—. Os quedan dos oportunidades.

—¿Dos? ¡Dejad de moveros! ¡Eso es trampa!

Los Mobs responden sin salir de su escondite:

—No hay ninguna trampa. ¡Qué simples sois los Cosmics! Sólo os queda una oportunidad.

—Somos dos jugadores —protesto—. Tenemos derecho a tres oportunidades por cada uno, seis oportunidades en total. ¡Es lo justo!

—No todo iban a ser ventajas por jugar en equipo... Un fallo más y os reduciremos a neutrones, y seguro que no os gusta el cambio.

Los dos se ríen a mandíbula batiente. Cuando empiezo a temer que nunca vamos a poder avanzar de nivel, veo la solución con nitidez. Me alejo varios pasos, me pongo a un lado y confirmo mis sospechas; hago uso de la última oportunidad:

—Ya tengo la solución: no hay ningún punto negro en la pared.

Amaz∞na está a punto de decir que me he vuelto loco, cuando el panel se abre por la mitad y nos invita a continuar. Su cara es un poema.

—Es un efecto óptico —le explico—. La unión de las líneas blancas sobre la superficie negra nos hace creer que hay puntos oscuros, pero son todos blancos. Los Masters querían demostrarnos que no tenemos que fiarnos de nuestros sentidos.

Amaz∞na sonríe y me da un cachete en el hombro que me quita un ♥ de golpe, pero no le digo ni pío porque sé que es la forma con que una elfa-enana expresa una amistad sincera. Nos dejamos de ñoñerías y reanudamos la marcha. Es hora de vérselas con ese Tridente.

—¿Qué tal? ¿Has hecho los deberes?

¡Omg... Casi me da un infarto! Por un segundo creo que es un Mob quien me habla, pero un toquecito en el hombro (real) me recuerda que hay mundo más allá de MultiCosmos. Me quito los cascos con micrófono integrado antes de que Alex escuche el beso de mil decibelios que me da mamá.

—¡Mamá, estoy jugando! —protesto, pero a ella le da igual y me asfixia con uno de sus clásicos arrumacos de oso.

—¿Es que todo el mundo está enganchado a *MultiCromos*? —pregunta mamá de buen humor. Aunque siempre llega tardísimo de la redacción, le quedan ganas de preguntarnos cómo nos ha ido el día—. Por lo visto, hay varios *Cosmes*...

—Cosmics —la corrijo.

—... de nuestra ciudad en los primeros puestos de esa dichosa competición.

Trago saliva. Espero que no se le ocurra mirar a la pantalla y ver mi nick y el de Amaz∞na.

—¿Te lo puedes creer?

—Nooo. ¡¿De verdad?! —Mentira cochina.

—He pedido a dos de nuestros mejores redactores que investiguen el asunto. Sería un acontecimiento mundial si un vecino de la ciudad ganase ese premio, ¡y pienso destapar su identidad para el periódico! No habrás oído nada al respecto, ¿verdad?

Mamá me dirige una mirada interrogante, pero niego con la cabeza en un intento desesperado por sacármela de encima. ¡Soy malísimo mintiendo!

—Ya me figuraba que no lo sabrías. Puedo imaginar a esos jugones como si los estuviese viendo: unos barrigones de mi edad con perilla y los dedos naranjas de comer ganchitos. —Me da otro beso y sale de la habitación—. Voy a cenar algo y a descansar. ¡No tardes en apagar el ordenador, cariño!

Sus pasos se pierden escaleras abajo. Mientras tanto, la voz de Alex llega amortiguada por los auriculares que reposan en la mesa:

—¡Oye! ¡¿Estás ahí o qué?!

—Me ha interrumpido mi madre —le explico a Amaz∞na, de vuelta a MultiCosmos—. ¡Quiere averiguar la identidad de los Cosmics de la ciudad!

Mi amiga se muerde el labio, meditabunda, y se encoge de hombros.

—Es que es *increíble* que tres Cosmics de los seis primeros puestos pertenezcamos a la misma ciudad. ¡Hay millones de participantes de los cinco continentes! Vale que tú conseguiste el Tridente con mi ayuda, pero es mucha casualidad que ese Corazoncito16 lo hiciese inmediatamente después.

Sí que es extraño. Ese misterioso Cosmic no tardó ni dos minutos en igualar mi meta, antes incluso de que yo destrozase Tuitonia. Tuvo que seguirme a escondidas.

—¿Crees que puede ser alguien del instituto?

—Quién sabe... —Amaz∞na suelta un largo suspiro—. Pero tenemos que ser más precavidos. Igual alguien nos escuchó en el comedor o en el patio.

Tanto Alex como yo eliminamos nuestra información del perfil en cuanto nuestros nicks saltaron a los titulares, y no respondemos a los mensajes de los periodistas. Revelar nuestra ciudad desde el principio fue una torpeza de principiantes.

—¿Y si es Rebecca...?

—Basta de teorías —me interrumpe Amaz∞na, que es la práctica del equipo—. Ahora mismo tenemos un asunto más urgente, y no pienso quedarme aquí parada por más tiempo.

«Parados» es un modo de hablar: después de superar la Sala de los Puntos, hemos ido a parar a una habitación esférica con paredes lisas y blancas. No hay gravedad, así que nuestros avatares flotan en el aire. Me doy impulso y vuelo hasta el otro extremo de la sala. ¡Mola ciervo! Repito el movimiento de vuelta, hasta que Amaz∞na me detiene con la mano. Freno en seco.

—¿Te quieres concentrar? ¡Mira esos cofres!

En el centro de la habitación flotan tres cofres de distintos colores. Nos acercamos para ver mejor y descubrimos que están fabricados en plata, ladrillo y madera. Bueno, al menos ésa es la textura que tienen: en MultiCosmos el único material es el código de programación. Además, cada uno tiene una inscripción grabada sobre la tapa:

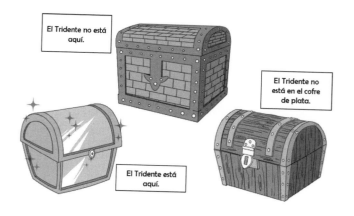

—Qué fácil: los abrimos todos y salimos de dudas.

Como si lo hubiese activado mi voz, un letrero digital se abre frente a nosotros:

Sólo una de estas tres afirmaciones es verdad.
Abre la correcta y ganarás.
Elige mal y morirás.

—Ya están otra vez con la muerte... ¡Qué pesados! —protesto malhumorado—. Ya sé lo que es perder los PExp y renacer de cero, *gracias.*

—A lo mejor es un modo de hablar —sugiere Amaz∞na—. Este sitio no parece muy peligroso...

El letrero se actualiza para desmentirla:

No es una trola: morirás lentamente y tendrán
que recoger tu avatar a trocitos.

—Vale.

—Qué simpático.

Por si fuera poco, escuchamos un ruido de motor. Echamos un vistazo alrededor pero no encontramos nada... hasta que descubro que las paredes se acercan lenta pero ininterrumpidamente hacia nosotros. La esfera se hace más pequeña por segundos, y como siga así, en un minuto no quedará espacio ni para hacer la albóndiga.

Amaz∞na vuela hasta la puerta, pero está bloqueada; ahora sí que estamos encerrados.

—Vale, a ti se te da bien pensar en situaciones de estrés —le digo a mi amiga—. Esto es un puzle, tienes que resolverlo rápido.

—¡Se me da bien en un examen del instituto, no cuando voy a morir aplastada! —Se dirige de un salto hasta el centro de la habitación y repasa concienzudamente los cofres—. ¡¿Dónde estará el Tridente?!

—¿No puedes agitar los cofres para escuchar si suena dentro?

Por la mirada asesina que me echa, deduzco que no es buena idea.

—Piensa, piensa, piensa... —La elfa-enana se pone roja por momentos—. ¡Sólo puedo pensar en los PExp que perderé si muero! ¡Adiós a mi canal de vídeos!

—Visto así, yo no tengo nada que perder. —Pero no es momento para trolear a Alex. Doy un brinco para flotar a su lado y estudio los cofres con detenimiento: dos mienten, uno dice la verdad... Pero ¿cuál?

La habitación se estrecha por momentos, y en medio minuto no tendremos espacio para los dos. Me concentro en las inscripciones.

Piensa, piensa, piensa... El Tridente no puede estar en el cofre de plata, ya que su letrero y el del cofre de ladrillo dirían la verdad, y sólo hay uno correcto; descarto, entonces, el primer cofre.

Mi cabeza y mis pies ya tocan las paredes. El avatar de Amaz∞na está hiperventilando. (Nota mental: preguntarle con qué comando lo hace.)

¿Está en el cofre de madera? En ese caso, su letrero y el del cofre de ladrillo dirían la verdad, y sólo el de plata mentiría; también descartado. ¡Repíxeles, vamos a morir!

Sólo queda el cofre de ladrillo. Justo antes de que la habitación se reduzca al tamaño de un melón y nos comprima a las dimensiones de miniavatares, abro la tapa y todo se detiene a nuestro alrededor. El ruido cesa y las paredes vuelven a su posición inicial. La melodía de la escena de *Psicosis* ha dejado de sonar.

Del interior del cofre aparece un Tridente de Diamante (o dos tercios del mismo, mejor dicho) con un «2/3» grabado en cada cara. El trofeo salta directo a mi jeta; no tengo reflejos para parar el impacto, pero es igual: lo importante es tocarlo.

Y escucho las mejores palabras de mi vida:

¡Enhorabuena!

Has conseguido el segundo Tridente. Reto superado al

66%

\<El Master del hormitrón>

Los últimos días han sido una locura total en MultiCosmos: después de que Alex y yo nos hiciésemos con el Tridente en Juguetopía, lo han conseguido tres Cosmics más, pero la ubicación exacta todavía no se ha filtrado a la prensa y en El Emoji Feliz creen que la pista de la llave de juguete es un pisapapeles de dudoso gusto. Está claro que ninguno de los Tops tenemos el más mínimo interés de que ocurra lo mismo que con el primer Tridente, cuando (por mi culpa) no quedó nadie sin enterarse de su ubicación. Esta vez estamos siendo más precavidos; seguro que el hecho de estar tan cerca de la prueba final, y más concretamente del premio, tiene algo que ver.

El Top está estancado desde el martes por la noche, y queda así:

MULTI
COSMOS
Ranking

RANK	COSMIC
1	Corazoncito16
2	Qwfkrjfjjirj%r
3	Matista
4	Yo
5	Amaz∞na (Alex se hizo con el Tridente un minuto después que yo)
6	Sidik4
7	Spoiler

Vale, podría estar entre los tres primeros, pero si pienso que hay millones de Cosmics que todavía no han pasado al segundo nivel, la cosa no está tan mal. Qwfkrjfjjirj%r es el Usuario Número Uno (en PExp, no en la Competición) y debe de estar dándose cabezazos contra la pared por no haber sido más rápido que Corazoncito16; y en cuanto a Corazoncito...

Los telediarios y digitales no hablan de otra cosa: Corazoncito16 se ha convertido en la Cosmic de moda y la foto de su avatar, una despampanante motera de curvas peligrosas y larga melena pelirroja, ha sido portada desde el *Vogue* hasta el *The New York Times*. Es la primera vez que alguien hace peligrar el reinado de Qwfkr, y el hecho de que se registrase sólo unos días atrás, que nadie la conozca y que su perfil lo ubique en nuestra ciudad, ha aumentado más el misterio. Pero Alex y yo no tenemos tiempo para teorías; hay un asunto más urgente, y es la pista del último nivel.

Mi amiga saca su móvil durante el descanso de la comida y abre el menú del inventario por primera vez en el día. Ahí está la pista del último Tridente: un simple bloque fabricado de hormitrón.

Hormitrón

Medidas: 100 x 100 x 100 píxeles
Duradero y resistente a hackeos.
El hormitrón es un material perfecto
para construir.

Lo he visto un millón de veces desde el lunes y sigo sin encontrarle sentido; a diferencia de la llave de juguete, este bloque lo conocemos bien, *demasiado* bien. El hormitrón es uno de los elementos básicos de construcción de Multi-Cosmos, y es fácil conseguirlo en cualquier planeta de poco presupuesto; es barato, resistente y sencillo de fabricar. Pero si hay miles de planetas fabricados con bloques de hormitrón..., ¿por cuál empezar?

Las horas de clase se alargan como una tortura hasta que suena la sirena de la liberación. Salgo volando directo a mi casa para conectarme e iniciar la búsqueda con Alex, pero al llegar a la calle me encuentro con mamá, el abuelo y Daniel, los tres esperándome dentro del coche. Por la expresión de mi hermano, parece que vayan al matadero.

—¡Venga, cariño! —me apremia mamá, que parece de muy buen humor. ¿No tendría que estar en la redacción del periódico?—. ¡Te estábamos esperando!

—¿A mí? —No sé de qué me habla. Mi hermano me hace caras de potar desde el asiento de atrás.

—La visita al museo. ¡Venga, vamos!

De nada sirven mis excusas: que si un examen de geografía, que si me duele la cabeza... Da igual que MultiCosmos me espere, mamá ha recibido entrenamiento de la CIA. Un minuto después ya estamos en la carretera camino del Museo Comarcal, situado en la otra punta de la ciudad. Casi se me escapa una lagrimilla cuando veo cómo nuestra casa se hace más y más pequeña por el retrovisor. Adiós al Tridente de Diamante. Puede que para cuando regresemos ya haya un ganador de la Competición, y ni siquiera tengo el Yayomóvil para avisar a Alex de la catástrofe.

Un rato después llegamos al museo, donde hay otras tantas familias con sus hijos desesperados por huir de allí. Mamá aparca en la puerta y salimos del coche. El edificio se muestra ante nosotros con el brillo del sol de frente.

—Moderneces... —murmura el abuelo, a quien todo lo nuevo le provoca urticaria.

El museo es un poco... peculiar. En vez de conformarse con cuatro paredes y un techo, el arquitecto creyó que era mejor darle forma de croqueta aplastada.

—¿Puedo irme ya? —pregunta Daniel con un ojo puesto en un grupo de chicas que sale del museo. No sé de qué se queja tanto... ¡Él sí tiene móvil!

—¡Venga, animaos! ¡He preparado una visita fa-bu-lo-sa!

Mamá se siente culpable porque su trabajo y el de papá les roban mucho tiempo, así que de vez en cuando organiza planes con la familia para tranquilizar su conciencia. La última vez tuvimos que plantar unos chopos en el monte, así que podemos celebrar que aquí al menos hay cobertura. Aunque sin el Yayomóvil no me sirve de nada.

Sólo necesito un rato en el museo para desear que me arranquen los ojos. La visita dura dos horas eternas, que son ciento noventa minutos, que a su vez hacen nueve mil quinientos segundos (estoy TAN ABURRIDO que soy capaz de hacer cálculos mentales... aunque no estoy muy convencido de los números que me salen). Mamá se enrolla tanto con la lección sobre cada cuadro que al final no distinguimos prerrafaelitas de trogloditas, y cuando creo que esto no se puede alargar más, el abuelo nos empuja a la cafetería. Mamá está encantada.

—¡Qué bien se está en familia! ¡Vamos a enviarle una foto a papá ahora mismo!

Los platos de la cafetería del museo tienen nombres supuestamente graciosos, como «*cupcake* proustiano», «ensalada del jardín de las delicias» o «rabo de toro goyesco», sólo que después del suplicio de la visita, los músculos de la risa no reaccionan a los estímulos. El abuelo y mamá nos examinan sobre los cuadros que hemos visto, pero Daniel está más preocupado en hacerse selfis con los platos y yo tengo la cabeza puesta en la Competición. Me pregunto si Alex habrá descubierto algo en mi ausencia.

Aprovecho la espera de la merienda (pastel de manzana Magritte) para ir al baño y, de paso, escaquearme del examen sobre la visita. De camino a los aseos veo una fotografía enmarcada color sepia del inicio de la construcción del museo. A la derecha, en una placa metálica, está grabada la fecha en la que el presidente y la directora de la fundación colocaron la primera piedra. Ese bloque de hormigón todavía no sospecha que lo van a convertir en un gracioso edificio con forma de croqueta aplastada, igual que cuando mi avatar tiene un mundo en blanco delante y construye un castillo bloque a bloque.

¡Clic! Algo se activa en mi cerebro. No sé cómo no se me ha ocurrido antes, pero tengo una sospecha de dónde puede estar el último Tridente, el Tridente completo, el Tridente de Diamante definitivo. Me olvido de ir al baño y vuelvo a la mesa, a ver si podemos irnos lo antes posible a casa.

—Pero si todavía no has probado el pastel, cariño... —replica mamá después de insistirle un millón de veces en que ya es hora de regresar.

Me lo como tan rápido que pasa por mi garganta de una pieza. Por desgracia, el abuelo tarda una eternidad porque le han recomendado que mastique cien veces antes de tragar, así que los tres tenemos que contemplar cómo dedica veinte minutos para comerse medio cruasán. Pero por fin acaba, y un rato después ya estamos de vuelta a casa. Cuando llegamos, prácticamente salto del coche en marcha. Mi objetivo es el ordenador del desván.

El problema es que mi hermano está pensando lo mismo que yo.

Subimos las escaleras a toda prisa, estirándonos de la camiseta y agarrándonos del tobillo cuando el otro toma la delantera. Mamá y el abuelo nos miran perplejos desde la planta baja.

—¿Qué hemos hecho mal? —dice mamá, preocupada.

—Están deseando compartir la visita al museo con sus amigos —responde el abuelo para echarnos un cable.

Subimos los últimos escalones en medio de una lucha legendaria, pero finalmente me adelanto a Daniel y planto mi trasero en la butaca del ordenador. ¡He ganado! El Acuerdo del Desván me protege, y mi hermano da media vuelta soltando entre dientes las protestas de rigor. Tendrá que chatear con sus amigos desde el móvil.

Si mi memoria no falla, los Masters, los todopoderosos del universo virtual, dieron sus primeros pasos como programadores. Entonces MultiCosmos era una página en blanco y cada elemento era una novedad, un universo por descubrir y diseñar.

Hace años que están demasiado ocupados bañándose en piscinas llenas de billetes de quinientos euros, pero al principio eran unos tíos con gafas de culo de vaso y un ordenador humeante instalado en el garaje. Todo el mundo conoce la historia del Master Martin McEnd, nick Mc_Ends, que suspendió el trabajo de final de carrera por presentar el código de un bloque de hormitrón. Su profesor se rió de él, le suspendió y le dijo que sería un fracasado toda su vida. Luego se hizo multimillonario cuando él y sus amigos crearon Multi-Cosmos, y ya nunca volvió a la universidad a por el título.

Me conecto a la WikiCosmos, voy directo a la búsqueda avanzada y selecciono el menú «Planetas» junto con la variante «Material», donde escojo «Hormitrón». El buscador arroja doce millones de resultados.

Puedo añadir el campo «Constructor» para mejorar la criba, y selecciono la última opción, quizá porque no la selecciona casi nadie: «Master». El buscador afina el tiro, pero todavía arroja doce mil resultados. Son demasiados planetas para esconder el Tridente. Necesitaría varias vidas para inspeccionarlos.

Entonces añado una condición más a la búsqueda: ordenar por la actualización más reciente. Todo el mundo sabe que los Masters llevan años sin intervenir en Multi-Cosmos, y tanto sus avatares como su apariencia actual son un misterio mucho más gordo que el de Corazoncito16. Hace seis años de su última actualización, cuando desaparecieron, por lo que puedo estar perdiendo el tiempo.

Pero no.

Todos los planetas que programaron en los orígenes llevan años sin sufrir modificaciones, a excepción de uno, que actualizaron hace escasamente dos semanas.

Se llama Beta_ok_definit_finalOK, más conocido como Beta. Bingo.

Me quedo parado un momento, impaciente por partir hacia allí. Pero para ser justos, debo decírselo a Amaz∞na primero.

Si quieres continuar con tu avatar, dirígete a la página 131.

Si quieres seleccionar a Amaz∞na, sigue leyendo.

<TeenWorld>

Tengo que avisar a Alex urgentemente. Abro el panel de mensajes y le lanzo un mensaje tras otro. «¿Estás? ¿Eooo? ¡¡¡Responde!!!» Como siga acosándola, los Moderadores van a bloquearme por *spam*. La luz verde de su perfil me chiva que está conectada, pero no consigo que me responda. Empiezo a pensar que le ha pasado algo cuando reparo en que es miércoles por la noche. Ahora caigo: Amaz∞na está en plena emisión en vivo de su canal. Conecto la señal para confirmar mis sospechas y ahí está su avatar de elfa-enana, saludando a la audiencia y avanzando el contenido del programa semanal. Hay 78.271 Cosmics siguiéndola en directo. Una vez retransmití mi viaje al planeta Verdura, y sólo tuve un espectador, el Mob alcachofa que me intentó matar.

No puedo esperar cuarenta minutos a que Alex termine el programa; he descubierto el planeta donde se esconde el Tridente de Diamante definitivo, la llave a la fama y la riqueza, y nuestros rivales no se andan con tonterías. Apuesto a que en este momento Corazoncito16 o Qwfkr no están ayudando a ancianitas a cruzar la calle.

TeenWorld
Galaxia Yxala9
Modo Social
Cosmics conectados: 22309151

Subo mi avatar al primer Transbordador dirección a TeenWorld, en la galaxia Yxalag; quince minutos de espera, vaya. Aunque se ha calmado un poco la fiebre inicial de la Competición, la web sigue repleta de usuarios que llevaban años con la cuenta dormida.

Un cuarto de hora después, el Transbordador se detiene en el andén y cruzo la modesta puerta que da acceso a Teen-World. De pronto, el ambiente anodino de fuera se transforma en un micromundo de luces de colores, sonidos estridentes y un montón de adolescentes caminando en todas direcciones. Es lo más parecido al cruce de Shibuya en Tokio, pero en un mundo virtual donde las luces pueden multiplicarse fácilmente por mil. Mi avatar ha aparecido en medio de la avenida principal, y antes de que me dé tiempo a reaccionar ya me han dado dos empujones y un codazo.

—No te quedes ahí *parao*, chaval —me dice un avatar con aspecto de estrella de la NBA—. Esto es TeenWorld, ¡espabila!

Tengo que sumarme a la riada de Cosmics para pasar desapercibido y que no me arrollen a su paso. Hace más de un año que no piso TeenWorld, el micromundo más popular entre los usuarios de once a dieciocho años, y enseguida recuerdo el motivo por el que nunca quiero venir: hay cuatro avatares por píxel cuadrado y es imposible seguir un chat sin que se acoplen otros diez globos de diálogo encima. Hablar con micrófono es igual de frustrante: los gritos de los caminantes compiten con las canciones y eslóganes, mientras que un montón de Moderadores intentan mantener un poco de orden con sus silbatos. Por si esto fuera poco, uno tiene que esquivar a los Mobs de publicidad, esos malditos hipervínculos rodantes que a poco que los rozas te trasladan automáticamente a restaurantes de comida rápida o tiendas de complementos. El suelo también cambia de color a mi paso, y tíos con disfraces estrafalarios reparten *spam* a diestro y siniestro sobre alargamiento de espadas y dudosos premios de cosmonedas. La técnica consiste en lanzarlo directamente a nuestro buzón, pero soy rápido y bloqueo a toda prisa. No sé cómo puede haber alguien a quien le guste este lugar.

Mientras la marabunta de avatares me arrastra por la avenida, echo un vistazo a mi alrededor: parece que Teen-World apenas ha cambiado desde mi última visita. Las pantallas que cubren los rascacielos de arriba abajo muestran nuevas películas, y suenan las canciones de moda desde las farolas (que no son farolas, sino altavoces con forma de palmeras), pero sigue siendo el mismo universo frenético de siempre. Justo en este momento están retransmitiendo un concierto en vivo de Tina Moon en el estadio central. O de su avatar, para ser exacto.

—Está claro que no es ella —me dice un Cosmic disfrazado de salchicha con mostaza que pasa a mi lado—. Todo el mundo sabe que los avatares de los famosos los manejan sus *community managers*.

Las modas cambian en TeenWorld a más velocidad que en ningún otro rincón del mundo, y esta temporada tocan los peinados fosforescentes. Son raros, pero es mejor que la época en que se pusieron de moda los avatares con ocho patas. Daban miedo.

De pronto una aeromoto vuela sobre mi cabeza y tengo que agacharme para que no me deje la marca del neumático en la coronilla. Un Moderador corre detrás para detenerla, mientras los Cosmics de alrededor se ríen por el atrevimiento del conductor gamberro.

Este sitio es una locura. Un par de manzanas después consigo salir del grupo y entrar en una calle secundaria. A un lado y otro hay salas de proyección donde se emiten series las veinticuatro horas con subtítulos en todos los idiomas. También hay test-cafés, donde unos simpáticos Mobs te dicen qué clase de amigo eres o en qué animal te reencarnarás; discotecas light donde está prohibido servir ginebrytes, o cabinas de realidad virtual donde puedes conectar con la webcam de cualquier Cosmic voluntario y vivir su aventura. Uno podría pensar que un planeta como TeenWorld tendría una oferta de ocio infinita, pero lo cierto es que después de diez minutos descubres que siempre ofrece lo mismo. El público no quiere otra cosa, y a mí me resulta demasiado aburrido.

Los Estudios Secundarios son una rara excepción del micromundo juvenil; ofrecen contenido diferente al habitual y dan una oportunidad a *videotubers* como mi amiga que no son hiperfamosos. El edificio es el más pequeño de los rascacielos de la calle y tiene forma de gatito, el logo de la cadena. Los ojos son dos enormes vidrieras que comunican al anfiteatro desde donde se transmite en vivo. Voy hasta la puerta y le pido al avatar de seguridad que me deje hablar con Amaz∞na. Me mira con una sonrisa burlona y se atusa el flequillo fosforescente.

—Todos quieren hablar con Amaz∞na, tío. Es la *video-tuber* de moda.

Veo el auditorio a través de la cristalera de la entrada; la sala, que normalmente apenas completa las primeras filas, está repleta de público y hay Cosmics sentados hasta en las escaleras. Sólo se ha permitido la entrada a los usuarios PRO. Estoy a punto de preguntar a qué se debe tanta asistencia a *La Hora de Amaz∞na* cuando llego yo mismo a la respuesta: mi amiga está en el Top de la Competición, y eso es algo que ni ElMorenus, el *videotuber* más famoso del universo, ha conseguido.

—Oye, tío —me dice de pronto el portero, con la mirada fija en el nick que flota sobre mi avatar—. ¿Acaso no eres tú...?

Estoy repasando de qué nos podemos conocer cuando caigo en la cuenta de que yo también me he hecho famoso en los últimos días; formo parte del selecto grupo de Cosmics que se han hecho con dos tercios del Tridente, y la red entera está expectante por descubrir quién de nosotros se hará con el premio final. El portero activa la comunicación general para avisar a sus compañeros de que estoy aquí. ¡No imaginaba que ser famoso fuese así!

—Tengo que hablar con Amaz∞na urgentemente, de verdad —me excuso.

El tío de la puerta se distrae un momento y deja a la vista una chapa con el logo de la cadena que sirve para entrar a todos los rincones del edificio, idéntica a la que lleva colgada de la camisa. Aprovecho la confusión para birlarla mientras el tal 53Fénix presume con sus colegas de que acaba de conocerme, y la engancho por debajo del traje de cremallera.

—El programa terminará en media hora y entonces podrás hablar con ella —me explica el portero, repentinamente de buen humor—. Mientras tanto, ¿por qué no me firmas unas dedicatorias para mis amigos? —Y entonces saca un cuaderno digital. Es la primera vez que alguien me pide mi autógrafo.

Pon tu firma aquí:

Aprovecho que está distraído con la holopulsera para salir corriendo e ir directo al auditorio. El sistema de seguridad detecta el chip de la chapa de acceso y abre las puertas a mi paso. Llego al escenario sin detenerme bajo la rampa del anfiteatro. Mi irrupción ha pillado por sorpresa a los dos seguratas, que no hacen nada por detenerme. El comunicador de sus holopulseras les habrá chivado quién soy y se hacen a un lado para dejar pasar al Cosmic de moda. Vaya, nunca imaginé que ser famoso tuviese tantas ventajas. Entre el público también se escucha un rumor.

Pronuncian mi nick sin parar, y de pronto caen en la cuenta de que soy el avatar que está en el puesto número cuatro del Top. Es guay hasta que oigo que uno me llama «el Destrozaplanetas». No vale, ¡sólo me he cargado uno!

El centro del escenario es una recreación exacta del cielo de un planeta de la categoría Bastante-Peligroso, con efectos de rayos, viento y nubes como remolinos. Amaz∞na hace una pirueta en el aire que provoca una ovación del público, y se detiene a cinco píxeles del suelo para compartir los trucos con su público. Es increíble todo lo que puede hacer Alex desde la pantalla de su ordenador; seguro que está en pijama y con una taza de Cola Cao en la mano, mientras con la otra maneja una elfa-enana a la que siguen miles de Cosmics.

—... Y así es como construí un propulsor aéreo empleando tan sólo una botella de limonada y un calcetín usado.

Justo en ese momento el avatar repara en mí, y por ese ceño fruncido puedo apostar a que es el único de la sala que no se alegra de verme. Apaga su mochila-flotador y desciende hasta la base del escenario a mi encuentro.

—¿Se puede saber qué modo de interrumpir una emisión es ésta, animal? —me dice a modo de recibimiento. Manda detener el programa durante medio minuto y me lleva del brazo a una esquina. Siento la mirada de todo el anfiteatro sobre nosotros—. ¡Es el récord de audiencia! ¡Ocho mil espectadores en directo! Dime, *por favor*, que no vienes a pedirme ayuda con los deberes de matemáticas.

—Es un asunto que no puede esperar —respondo en

tono grave. Mi amiga (o su avatar, que no se le parece en nada) espera impaciente a que termine—. Ya sé dónde está el último Tridente. Se encuentra en la galaxia Lab, donde los experimentos de construcción, concretamente en el planeta...

Amaz∞na me manda callar con expresión seria y se dirige a los operarios del estudio. Justo entonces se da cuenta de que la luz roja de la cámara sigue encendida y masculla un «¡Repíxeles!» (bueno, algo peor) entre dientes.

—Genial, el micrófono y la cámara siguen encendidos. Ahora todo MultiCosmos querrá saber adónde vamos.

Por suerte, la galaxia Lab cuenta con más de medio millar de planetas, suficientes para tener entretenidos a los espectadores de Amaz∞na durante unos días. Es el campo de pruebas de MultiCosmos, donde los Constructores experimentan con planetas antes de atreverse a diseñar los definitivos.

—Rumbo al planeta Beta_ok_definit_finalOK —ordeno al navegador—. Amaz∞na viaja conmigo. ¿Has bloqueado el rastro de tu localización?

Amaz∞na asiente. Yo también compruebo que soy ilocalizable; ahora nadie puede seguirnos a través de nuestros perfiles. Los Cosmics nos han perdido el rastro en cuanto hemos desaparecido del escenario del auditorio.

La barra del navegador gira. El espacio está despejado. Amaz∞na y yo viajamos al último nivel.

Planeta Beta_ok_definit_finalOK
Galaxia Lab
Modo: Constructor
Cosmics conectados: 0

<Rumbo al planeta Beta>

—¿Has visto el móvil de tu abuelo? No lo encuentra por ningún sitio —me dice mamá de pronto. Casi me caigo del sillón del susto. Cuando estoy concentrado en el ordenador, soy incapaz de oír los pasos que suben al desván. Para variar, mamá no tarda ni un segundo en ponerse a fisgonear en la pantalla—. ¿Otra vez en *MultiMocos*? Tienes que enseñarme qué es eso tan divertido. ¡Soy la única de la redacción que todavía no se ha registrado!

Mamá se sienta en la butaca que hay al lado y me sonríe. Por lo visto, la tarde en el museo no ha sido suficiente y quiere que pasemos más tiempo juntos. El problema es que estoy a punto de hacerme con el Tridente de Diamante y de convertirme en el Cosmic más famoso de la historia, y dudo que mamá pueda entender eso. Ella cree que la Competición es para mayores y me prohibiría conectarme de inmediato.

—Sólo estoy repasando los deberes —le digo como si nada. En la pantalla apenas se ven nuestros dos avatares. El mío es bastante reconocible, pero mamá se acerca a la pantalla para ver mejor a Amaz∞na y tuerce el gesto.

—¿Eso de ahí es un duendecillo?

—¡Es una elfa-enana! —¿Cómo puede confundir una

cosa con la otra? ¡Se ve clarísimo!—. Es mi amiga Alex, que me está ayudando con las matemáticas.

Mamá levanta una ceja en señal de incredulidad. No ha colado. Escruta la pantalla del ordenador, a la espera de un error que me delate, pero por suerte Alex me ha escuchado por el micrófono de los cascos y sale rápido en mi ayuda.

Amaz∞na: ¿Has resuelto ya el ejercicio de la página 227? La profesora Menisco nos lo pedirá el lunes.

Le dedico una sonrisa triunfal a mamá. Me da un beso por ser tan estudioso y se va a descansar.

La barra de carga roza el 100% y el Transbordador está a pocos segundos de alcanzar Beta. Amaz∞na y yo nos contenemos para no chillar de la emoción.

—Quizá deberíamos investigar un poco sobre el planeta antes de entrar... —sugiere de pronto mi amiga—. Tenemos que saber a qué nos enfrentamos.

Alex siempre consigue que me sienta un idiota. ¿Cómo no se me había ocurrido antes?

—Estaba a punto de hacerlo —digo rápidamente mientras abro la *Guía Imprescindible de MultiCosmos* sobre la mesa del ordenador y me pongo a leer en voz alta:

«Situado entre mundos experimentales, el planeta Beta_ok_definit_finalOK, popularmente conocido como Beta, fue uno de los primeros de MultiCosmos en programarse.

Es obra de Mc_Ends, uno de los Masters fundadores del universo. Para ello, empleó exclusivamente hormitrón, el material virtual más vasto y barato, pero suficiente para construir una ciudad infinita.

»Lamentablemente, el retiro de los Masters provocó el repentino abandono de Beta, a lo que siguió la rápida invasión de Cosmics contrabandistas. Los ladrones se llevaron gran parte del material de construcción, abocando la ciudad a la ruina, y en la actualidad no es más que un planeta inútil, sin ningún tipo de aventura ni trofeo...».

¡BLING! ¡BLING!

El artículo continúa, pero la musiquita que advierte de la llegada al planeta interrumpe mi lectura. Ya estamos en Beta. El Transbordador se detiene frente a la sencilla puerta de acceso.

Amaz∞na coge aire antes de entrar. Está tan nerviosa como yo.

—No podemos seguir retrasando la decisión de qué haremos si llegamos hasta el final —dice de pronto—. No creo que podamos hacernos con el premio los dos a la vez. Uno tendrá que hacerlo primero.

—Tú descubriste Tuitonia antes que nadie..., pero yo fui quien descifró la pista de Troybol. —Vale, fue mi abuelo, pero eso no importa ahora—. Quizá debamos decidirlo a cara o cruz.

—Con una cosmoneda —propone Amaz∞na con guasa—. También podemos hacer que el ganador le dé la mitad del premio al otro. Uno se queda con el trofeo y el otro con los puntos.

—¿Y quién es el ganador, si lo hacemos a la vez? ¡Esto es muy complicado! ¿Ves por qué prefería competir yo solo?

—Sí, claro, y no hubieses encontrado Tuitonia jamás —replica mi amiga en tono de burla. ¡Repíxeles! Tiene razón. Se ajusta el cinto del traje de su avatar y se pone delante de la puerta de Beta—. Esperemos a ver si conseguimos el Tridente. Entonces decidiremos qué hacer.

Un segundo después entra en el planeta, y yo la sigo detrás.

<Un planeta bastante chungo>

Nuestros avatares se materializan en una explanada vacía. El sol, un enorme foco de luz en el horizonte, está a punto de ponerse. Todo cuanto vemos a nuestro alrededor es una superficie infinita de hormitrón, con algunos restos de construcciones aquí y allá. Quedan algunos arcos y columnas, incluso algún muro a medio destruir, pero hace años que los ladrones se llevaron lo único de valor. Me gustaría haber conocido este planeta al comienzo, cuando lo programaron los Masters. Debió de ser un espectáculo para la vista. Ahora no es más que un planeta abandonado con aspecto fantasmal.

Amaz∞na comprueba las condiciones de Beta en la holopulsera: no hay ni un solo Cosmic a un gigapíxel de distancia, y tampoco se detectan movimientos de Mobs. Por si acaso, tiene lista su flauta defensiva y yo la espada binaria. Con estos bichos nunca se sabe.

—Creo que somos los primeros Cosmics en pisar este sitio en mucho tiempo —digo—. Espero que la pista no nos haya traído al planeta equivocado...

—Si has dado en el clavo y el Tridente de Diamante está aquí, prometo que te daré la mitad de mis hamburguesas de tofu en lo que queda de curso.

La idea me da ganas de vomitar.

—Eh... No hace falta, me conformo con un «gracias» y la mitad del premio.

Abro el mapa holográfico, pero la visión general es igual de decepcionante: no queda ningún edificio en pie, y tampoco hay nada llamativo en el horizonte que nos invite a tomar una dirección u otra. Si los Masters han construido algo nuevo, se han cuidado de no incluirlo en la descripción.

—¿Hacia dónde vamos? —pregunto dubitativo. Amaz∞na me señala una misteriosa silueta a unos pocos megapíxeles de distancia. Parece que cae del cielo, pero estamos a demasiada distancia como para averiguarlo. A falta de algo mejor, tomamos esa dirección a pie, para no cansarnos. El sol pega tan fuerte que podríamos perder un ♥ por agotamiento—. Oye... Tú tienes muchos más accesorios que yo. Ve volando si quieres, yo te seguiré a pie. No quiero ser un lastre.

—Chorradas —me dice sin girarse siquiera—. Estamos juntos en esto.

A veces pienso que Alex es la mejor amiga del mundo.

Caminamos con todos los sentidos puestos en lo que nos rodea. El Tridente de Diamante no estará al alcance de cualquiera, y sospecho que los Masters no regalarán un millón de PExp, un arma invencible y una réplica real del trofeo al primero que pase. Sin embargo, este lugar está muerto, y no hay ni un triste Mob recogebasura para recibirnos. Tampoco hay Cosmics, aunque con lo que nos estamos jugando, mejor que sea así.

Cinco minutos después alcanzamos el foco que vimos desde la entrada, y nuestra sorpresa es mayor que la inicial: se trata de un tubo gigante que cae del cielo desde un punto tan alto que se pierde en el infinito, suspendido a poca distancia del suelo. Amaz∞na y yo echamos un vistazo por abajo y descubrimos que emite una luz brutal, similar a la de los estadios deportivos. Parece que éste es el sol del planeta, una frikada obra del Constructor. El tubo está demasiado alto como para alcanzarlo de un salto, pero la elfa-enana tiene sus recursos: saca su mochila-proyectil del inventario y se eleva igual que en su último programa en el auditorio. Por desgracia, cuando llega al agujero se estrella como si hubiese un cristal invisible. Lo mismo ocurre cuando intenta ascender al cielo: acaba chocando con una especie de techo transparente que le impide avanzar. Amaz∞na vuelve decepcionada.

—Está claro que Beta no se puede explorar por el aire. Tendremos que hacerlo por los lados.

Todavía no hemos decidido qué hacer, cuando escuchamos un ruido de interruptor y la luz del tubo desaparece, sin transición, igual que una bombilla. De pronto nos quedamos en penumbra. La elfa-enana saca una luciérnaga del bolsillo, un Mob muy útil para estos casos, mientras pensamos en el siguiente paso. Pero cuando todavía nos estamos acostumbrando a la oscuridad, empezamos a oír un ruido lejano; parece la cañería del retrete del instituto, siempre atascada de papel higiénico. Los dos miramos a nuestro alrededor buscando el origen.

—¿Estás oyendo lo mismo que yo...?

Antes de que pueda acabar, descubrimos que el ruido viene del interior del tubo. Y sin tiempo para más diálogos, media docena de Mobs espectrales salen de dentro y nos pillan desprevenidos; son oscuros y ligeros como el humo de una chimenea, y del interior de sus ojos y su boca llamean unas ascuas terroríficas. ¡¡¡Omg, que nos saquen de aquí!!!

Justo cuando uno de los Mobs me va a aplastar con su manaza humeante, doy un salto hacia atrás y lo parto en dos con mi espada. A mi izquierda, Amaz∞na hace lo propio para defenderse, lanzando dardos a diestro y siniestro.

¡Un mandoble, dos, un golpe limpio...! Los Mobs caen uno tras otro, pero salen nuevos espectros del interior del tubo. Está claro que a estos bichos les gusta la noche, y no sé cuánto tiempo más podremos resistir. A Amaz∞na se le han acabado los dardos y ha sacado una red ectoplásmica en su lugar; con ella atrapa y elimina diez Mobs de una tacada, pero no es suficiente. Son muchos más que nosotros y están rodeándonos.

—¡¿Qué son estas cosas?! —me grita la elfa-enana—. ¡¿No se suponía que el planeta estaba abandonado?!

—¡Olvidé leer hasta el final! —Amaz∞na me dedica una mirada asesina—. La culpa la tiene la *Guía Imprescindible* por no destacarlo con letras negritas. ¿Para qué existen, si no? ¡Corre! ¡Tenemos que escapar de aquí o nos matarán!

Mi barra vital está al mínimo, y no quiero ni pensar lo que ocurrirá si mi avatar cae en combate. Amaz∞na hace caso a mi mensaje y empieza a correr de vuelta a la entrada del micromundo, justo después de eliminar a dos Mobs espectrales más. Yo me deshago de otro para despejar el camino, pero hay un montón más deseando darme un abrazo mortal. Los dos corremos como Cosmics con conexión de alta velocidad.

—¡¿Ves la entrada?! —me grita Amaz∞na, que tiene que girarse cada pocos segundos para hacer frente a los Mobs que están a punto de cogernos—. ¡No me queda casi munición!

—¡Estamos a pocos segundos de la puerta! —la tranquilizo—. ¡Resiste!

Hemos regresado a la explanada de la entrada y estamos a punto de salir. Casi saboreo la humillante huida, cuando, de pronto, un avatar se materializa delante de nosotros.

Beta recibe al tercer Cosmic en lo que va de día. Tiene el aspecto de una explosiva motera pelirroja, y su expresión de triunfo por llegar al planeta cambia rápidamente al pánico cuando nos ve llegar corriendo con una horda de Mobs asesinos detrás.

Corazoncito16, nuestra peligrosa rival, también ha llegado hasta aquí.

Amaz∞na y mi avatar pasan al lado de Corazoncito16 sin detenerse a saludar. No hemos perdido los modales, es que ella es nuestra principal rival en la Competición. Por si no tuviésemos suficiente, nos siguen un montón de Mobs. No es momento para presentaciones.

Conseguimos abandonar Beta a tiempo y subimos al Transbordador. Uf, casi no lo cuento. El corazón me late a mil por hora, como si hubiese sido yo y no mi avatar el que se ha pegado la carrera. Si esos Mobs nos hubiesen dado alcance, habríamos perdido hasta el último ♥ y adiós al Tridente de Diamante.

Todavía estoy recuperándome cuando mamá me grita desde la planta baja que ya es hora de apagar el ordenador. No me he dado ni cuenta de que son pasadas las diez de la noche; desconecto y bajo al salón para llamar a mi amiga por teléfono. Por algún extraño motivo, nuestras madres creen que la red se vuelve peligrosísima a partir de su toque de queda, pero no tienen tantos reparos para que nos llamemos a los fijos.

Mamá y el abuelo están tan atentos a las noticias de la tele que no se dan ni cuenta de mi entrada en la habitación. Normalmente paso de los informativos, pero esta vez me quedo paralizado cuando escucho que el presentador menciona la Competición.

—... y continúa la búsqueda mundial del Tridente de Diamante, el mayor trofeo jamás concedido en la red MultiCosmos. El Top, como se conoce a los siete Cosmics que lideran el juego, lleva días sin alteraciones, pero esta noche un acontecimiento ha hecho saltar las alarmas: Amaz∞na, quinta en la lista, interrumpió la emisión de su canal online para acompañar a otro aspirante hasta lo que podría ser el nivel definitivo.

—¡¿Cómo que *otro*?! —exclamo enfadado—. Tengo nombre. ¡Me llamo...!

—¡Chisss! —me manda callar mamá, que quiere escuchar el resto de la noticia—. ¡Están hablando de tu *MultiConos*! ¿No te interesa saber quién puede ganar?

¡Casi meto la pata y me desenmascaro! Pero... un momento: ¿cómo que «otro» aspirante? He sido yo quien ha encontrado Beta, no Amaz∞na. ¡Ya podrían decir mi nick!

—... Aunque todavía no hay ningún ganador declarado, la misteriosa desaparición de estos dos Cosmics hace sospechar que el final está cerca —continúa el presentador, un tío con un felpudo por bigote—. Además, la recientemente popular Corazoncito16 también está en paradero desconocido, lo que ha incrementado los rumores. Las casas de apuestas han recogido varios millones de euros por la victoria de la motera pelirroja, aunque Qwfkr, el Usuario Número Uno, sigue siendo la opción favorita por los jugadores. Estaremos atentos al desenlace.

»Mientras tanto, los Masters han hecho un anuncio hace escasos minutos. —Me quedo tieso en medio del salón con los dedos tensos como garras. El abuelo me mira y pone los ojos en blanco, convencido de que es consecuencia de pasar demasiado tiempo delante del teclado—. Noticia de última hora: el premio del Tridente de Diamante aumenta de un millón de Puntos de Experiencia... a un trillón. El anuncio acaba de hacerse público. Repetimos: el premio aumenta a un trillón de Puntos de Experiencia.

El presentador cambia de asunto para hablar de la restauración de un *Ecce Homo*, así que aprovecho para abalanzarme sobre el teléfono y marcar el número de casa de Alex. Descuelga al segundo, como si estuviese esperando mi llamada. Le cuento la noticia que acabo de escuchar en el telediario, con cuidado de hablar en clave para que mamá y el abuelo no sospechen. Primero hypeamos con el redoble de PExp, pero no tardamos en hablar de nuestra espía.

—¡No me fío ni un pelo de Corazoncito16! —protesta mi amiga—. Es *demasiada* casualidad que fuese detrás de ti en Tuitonia, y justo ahora que somos los primeros en llegar a Beta, ¡ella también aparece allí! ¿No es sospechoso?

—Puede que sí, pero ¿en qué estás pensando? —le pregunto. Mamá me mira desde el sillón y le sonrío como si estuviese repasando el último examen de historia. Tengo que hablar superbajito para que no me oiga—. Ninguno de los dos les hemos contado nuestros planes a otros Cosmics, y las cuentas son imposibles de hackear. Es más fácil que alguien espíe el wasap del papa Francisco que entrar sin permiso a nuestras cuentas: MultiCosmos es la plataforma más segura del mundo.

Los dos guardamos silencio durante unos segundos sin decir nada, aunque nuestros cerebros funcionan a toda velocidad. Nadie puede haber hackeado nuestras conversaciones privadas, pero... ¿y si nos hubiese escuchado en el pasillo del instituto o en la cola del comedor? Todavía no me atrevo a decirlo en voz alta, pero el nombre de cierta compañera de clase me viene una y otra vez a la mente...

—Tenemos que estar más atentos que nunca: si Corazoncito16 es alguien que conocemos, no podemos dejar que nos adelante justo ahora y nos birle el Tridente de Diamante —le digo.

—De eso quería hablarte: esta tarde entré en el perfil público de Corazoncito16 para buscar pistas; normalmente lo tiene todo oculto, pero justo tenía una actualización reciente, y no te lo vas a creer: ha empezado a seguir la página del instituto Nelson Mandela, *nuestro* instituto... Enseguida ha borrado la información, pero he sido lo bastante rápida para verlo. Sea quien sea ese Cosmic, está más cerca de lo que pensamos. Tenemos que desenmascararlo... o *desenmascararla* —corrige Alex rápidamente. Creo que los dos estamos pensando en lo mismo.

Pero la identidad de Corazoncito16 no es lo único que nos atañe ahora mismo; nuestra principal preocupación es superar el nivel de Beta, y los Mobs no parecen dispuestos a ponérnoslo fácil.

—Salen del tubo al caer la noche, así que no podemos enfrentarnos a ellos en la oscuridad; son demasiados para nosotros dos —le digo. Sé que no tengo nada que hacer con mi espada binaria, aunque no quiero admitir mi debilidad—. Acabo de leer el final de la descripción de Beta.

—¡¿Cómo?! —pregunta Alex desde el otro lado del teléfono—. ¿Pero antes no la leíste entera?

—Eh... No —respondo avergonzado. La *Guía Imprescindible de MultiCosmos* era mi tarea, y reconozco que la dejé a medias con las prisas. Alex nunca se habría dejado un artículo de WikiCosmos sin terminar—. Quedaba *un poquito* por leer.

—Te mato —suelta Alex, tal y como esperaba.

—¿Quieres que lo lea o no? —Mi amiga no dice nada, lo que significa que puedo seguir—. «El planeta Beta_ok_definit_finalOK apenas cuenta con noventa minutos diarios de luz; el resto del tiempo reina la oscuridad y con ella

153

emergen los Mobs espectrales, creados por los Masters para proteger el planeta de los saqueadores.»

—Muy amables —comenta Alex con ironía.

—Calla, que no he terminado: «Sin embargo, los Mobs espectrales no son el mayor peligro de Beta. Hace años, los Masters desarrollaron un prototipo de Mob monstruoso pensado para instalarse en uno de los planetas de aventura de mayor dificultad. Sin embargo, este Mob resultó ser mucho más mortífero de lo esperado, y los Administradores decidieron descartarlo. Lo llamaron EpicFail, y como su código de programación era indestructible, lo desterraron en un planeta abandonado donde no pudiese atacar a nadie. Los rumores señalan que el monstruo EpicFail todavía vive en Beta, aunque nunca se le ha visto y no existen descripciones sobre este Mob». —Trago saliva después de leer esto último—. Genial: un monstruo final in-des-truc-ti-ble. Justo lo que necesitábamos.

‹Encuentros
en la penúltima fase›

Es viernes por la mañana. Mi nick aparece en todos los periódicos (bueno, el de Amaz∞na más que el mío, lo cual es superinjusto). Estamos más cerca que nunca de hacernos con el Tridente de Diamante y, sin embargo, tenemos que fingir que somos dos chavales normales de doce años que van al instituto como cada día.

Vale, lo de normales es un poco difícil porque Alex es vegetariana y tiene la carpeta forrada con fotos de animales, y yo conozco más galaxias de MultiCosmos que países del planeta Tierra. La ciudad está loca por descubrir quiénes son los tres vecinos del Top, y varias televisiones extranjeras han enviado corresponsales para hacerse con la primicia. Por ahora, ni Amaz∞na ni yo, y tampoco Corazoncito16, estamos dispuestos a delatarnos. Hay muchas cosas en juego. Además, si mamá se entera de que yo soy uno de ellos, me castigará sin ordenador hasta el día de mi boda (y querrá la exclusiva del castigo para su periódico).

Las clases de la mañana se me hacen más pesadas que nunca. He intentado por todos los medios que Alex me deje su móvil, pero es imposible: se niega a encenderlo hasta que suene el timbre, y sé que es inútil insistir.

—De todos modos no te serviría de nada —me dice en el recreo, cuando se lo pido por trigésima novena vez—. Todavía es de noche en Beta, y los Mobs te harían picadillo antes de que te diese tiempo a desenvainar la espada binaria.

Le echo una mirada asesina, que es mi modo de decirle que tiene razón. Al sonar el timbre que pone fin al recreo, veo que Rebecca está sola en una esquina del patio concentrada en su teléfono móvil de última generación. ¿Qué hará separada del Quinteto Borrego? No quiero ni imaginar lo perdidos que se sentirán sin su cabecilla. Alex también ha reparado en su comportamiento extraño y frunce el ceño; puedo oír cómo trabajan los engranajes de su cerebro.

Aprovechamos la hora del comedor para elaborar un plan de ataque contra los Mobs espectrales. Alex siempre quiere evitar la violencia y cree que deberíamos intentar encerrarlos a todos en una caja gigante hasta hacernos con el Tridente de Diamante. Intento convencerla una vez más de que los Mobs no son seres vivos, pero al echar un vistazo a la lasaña de lentejas que ha traído de casa, sé que la mía es una batalla perdida. Está obsesionada con que la verdadera función de MultiCosmos es concienciar sobre el mundo global en el que vivimos y bla, bla, bla... En este punto siempre desconecto el cerebro.

Mi plan no está mucho más elaborado, pero es eficaz: aprovechar la hora y media diaria sin Mobs, y correr como locos cuando empiecen a salir del tubo. Quedamos en vernos en MultiCosmos después de terminar los deberes.

Por la tarde, después de repasar la lección de historia con el abuelo y de probar su última invención culinaria, me conecto. Amaz∞na se materializa unos segundos después y miramos a nuestro alrededor: la luz del tubo está encendida y no hay ni rastro de Mobs en quince megapíxeles a la redonda.

—¡Tridentito querido! —grito a los cuatro vientos—. ¿Dónde estás?

—¡Chisss! —me interrumpe Alex—. Espero que la leyenda del Mob monstruoso sea falsa, o ya lo habrás despertado.

Nuestros avatares se ponen a caminar por Beta igual que el día anterior, pero en dirección contraria. Durante un rato no nos cruzamos con más que restos de la ciudad desaparecida, con bloques de hormitrón olvidados en el suelo o flotando en el aire. De vez en cuando vemos lo que parece una edificación que sigue en pie, pero al acercarnos comprobamos que se trata de más ruinas. No vemos el Tridente de Diamante por ningún lado, aunque tampoco al monstruo EpicFail. Sólo espero que no estén en el mismo lugar o será la primera vez que mi avatar se haga pis encima.

Alex y yo continuamos nuestra búsqueda mientras la fuente de luz del tubo todavía está activa. Nos quedan veinte minutos sin Mobs cuando vemos aparecer a la motera pelirroja y nos detenemos como perros de presa. Ella también nos ve y se queda quieta, sin saber qué hacer. Los tres nos llevamos las manos a nuestras armas, dispuestos a utilizarlas si alguien se pasa de listo.

—¿Qué hacemos? —me pregunta Amaz∞na por el canal privado.

—¡No sé! ¿ElMorenus no tiene ningún videotutorial sobre qué hacer en estos casos? ¿Del tipo: «Cuando un Cosmic te sigue hasta la fase final y quiere birlarte el trofeo»?

—ElMorenus no ha llegado tan lejos en la Competición —me recuerda—. Vamos a tener que improvisar.

Antes de que nuestros cerebros se pongan en funcionamiento, Corazoncito16 se ha escabullido echando a correr, sin darnos oportunidad de luchar. Seguramente sabe que no tiene ninguna posibilidad contra mí (claro) ni contra Amaz∞na, que más bien la aplasta en Puntos de Experiencia. Estoy a punto de correr tras ella, pero la elfa-enana me detiene antes de que haga una tontería.

—Corazoncito16 está más perdida que nosotros. No tenemos tiempo para luchar, está a punto de irse la luz y si no encontramos el Tridente de Diamante será otro día perdido.

Continuamos peinando el mapa sin éxito. Tomamos caminos separados para ir más rápido, pero después de un rato seguimos igual que al principio. Nos volvemos a juntar antes de que la luz del tubo se apague por hoy.

—Empiezo a pensar que esta fase es imposible —reconoce Amaz∞na, agotada. Es muy divertido ver a una elfa-enana sudando como un cerdo, parece un gnomo de jardín barnizado—. Tuvimos suerte en Tuitonia, y si llegamos a Juguetopía fue porque tu abuelo vio la pista de casualidad. Pero quizá seamos demasiado pequeños para una competición que se nos queda demasiado grande...

—¿Cómo puedes decir eso?

—No sabemos por dónde seguir, y en el caso de que lleguemos al final, ¿qué haremos contra el monstruo? ¿Lo distraigo con mi flauta? —Alex no dice nada de mí, pero seguro que piensa en los pocos puntos que tengo—. Lo he pasado muy bien, pero no quiero morir por intentarlo. Me ha costado un montón conseguir el público de mi canal, y no querría perder los objetos de mi inventario. Si el Mob nos mata..., Amaz∞na desaparecerá, y tardaré siglos en conseguir todo de nuevo.

—Gracias por recordarme que yo no tengo nada que perder: ni un montón de PExp, ni un canal superfamoso, ni más objetos que una espada defectuosa que no vale ni media cosmoneda. Pero aunque fuese el Usuario Número Uno, me bañase en una piscina de billetes y mi avatar fuese más famoso que Mickey Mouse, jamás renunciaría al reto del Tridente de Diamante. Porque la Competición no se creó para entretener a unos frikis, no; tampoco para los profesionales, como me dijo una amiga una vez. Los Masters la han diseñado para nosotros, y es nuestra obligación intentarlo sólo para agradecerles todos los buenos momentos que nos ha dado MultiCosmos. No sé tú, pero yo no me rendiré jamás.

Como el discurso me ha quedado bastante épico, añado un sonido de trompetillas para terminar. Debo de haber sonado convincente, porque por una vez la elfa-enana se ha quedado sin palabras.

—No sé de qué película mala habrás sacado eso, pero está bien, me quedo. Aunque vamos a tener que empezar a correr antes de que se haga de noche.

Dicho y hecho, escuchamos el clic del interruptor en el aire y la oscuridad se apodera de Beta. Todavía podemos ver a unos pasos de distancia, aunque no tenemos más que un objetivo: la salida. Enseguida escuchamos a lo lejos el zumbido de los Mobs espectrales acercándose; saben que estamos aquí y no están dispuestos a dejarnos escapar con vida. Saco mi espada. Amaz∞na tiene su flauta defensiva por si las cosas se ponen feas. Mientras tanto corremos hacia la puerta de entrada que nos llevará al Transbordador.

Pero estamos tan lejos que los Mobs nos alcanzan antes de llegar a nuestro objetivo. Los pelos se me ponen de punta (a mí, no a mi avatar) cuando los veo aparecer en la pantalla y abalanzarse sobre nosotros. Prefiero un dragón de nueve cabezas antes que estas criaturas humeantes con ojos como ascuas. ¡Qué miedo dan! Se deslizan por el suelo sin tocarlo y en pocos segundos nos rodean medio centenar.

—No me gusta el modo en que dan la bienvenida estos monstruitos —digo en voz baja. Amaz∞na pega su espalda a la mía. Si no respondemos con fuerza, nos masacrarán—. Sus mamás Mobs no les han enseñado modales.

Aunque su aspecto dé bastante miedito, no parecen inteligentes, así que improviso un ataque de huida: me lanzo a la carrera contra los Mobs que tengo delante y clavo la espada en todo lo que se me pone por medio. La elfa-enana me sigue detrás, cubriendo la retaguardia y lanzando dardos somníferos a los bichos que intentan contraatacar. En un abrir y cerrar de ojos conseguimos zafarnos de la nube de enemigos y reanudamos la carrera hasta la puerta, pero nos pisan los talones... Eso si pisasen el suelo, que no es el caso.

Los únicos Mobs a la vista vienen por detrás, así que activo la cámara trasera a la carrera para buscar un punto flaco. Y la respuesta llega enseguida cuando compruebo que no sólo evitan tocar el suelo, sino que también bordean cada bloque de las ruinas que todavía queda en pie.

—¡Míralos! —le digo a Amaz∞na sin bajar el ritmo—. Es como si tuviesen alergia al hormitrón.

La idea le gusta a la elfa-enana, porque se detiene un instante para sacar un bloque de hormitrón de su inventario y lanzarlo contra el Mob espectral que tiene más cerca. El resultado es inmediato: cuando lo golpea, la bestia se paraliza en el aire y se disuelve en un millón de píxeles.

—¡Buena puntería!

Como yo no tengo ningún bloque de hormitrón en mi inventario, me detengo un instante para agarrar uno de la columna que hay a mi lado y lanzarlo contra el siguiente Mob a la cola. ¡Doy en el blanco! El espectro se disuelve en una polvareda de píxeles, aunque todavía nos siguen un montón más con ganas de venganza. Dudo que lleguemos a la puerta de una pieza. De pronto tengo una idea y arrastro a Amaz∞na hasta detrás de un muro ruinoso. Los Mobs se acercan peligrosamente, con cuidado de no tocar el suelo ni las ruinas de la ciudad.

—¿Qué haces? —me pregunta la elfa-enana. La he alejado de la puerta de entrada justo cuando estábamos a punto de alcanzarla. Tengo un plan, pero si falla, nos convertiremos en humo de píxeles. Selecciono el pico de cavar que construí durante mis entrenamientos y golpeo el suelo hasta extraer un bloque de hormitrón. Lo coloco rápidamente sobre el muro, a modo de techo. Estoy extrayendo el segundo bloque cuando la elfa-enana capta la idea y se pone a hacer lo mismo, aunque más rápido, gracias a su pico de metal (siempre consigue dejarme mal). En el instante en que un Mob espectral se lanza en picado sobre nosotros, coloco el último bloque de hormitrón encima de nuestras cabezas y cierro el iglú por completo. Estamos aislados.

Durante unos minutos no escuchamos otra cosa que el rechinar de dientes de los monstruos. Puedo imaginarlos dando vueltas alrededor de nuestra cabaña, frustrados por no poder entrar. Amaz∞na saca una linterna de su inventario e ilumina el interior del refugio.

—Por los pelos... —murmuro con los nervios a flor de piel.

—Has tenido una idea brillante, animalito. —La elfa-enana me guiña un ojo. Puedo imaginar a Alex haciendo lo mismo delante del ordenador.

—Si fabricamos refugios de hormitrón contra los Mobs, podremos avanzar más lejos en el mapa sin tener que regresar cada día al inicio —le explico—. Quizá el Tridente de Diamante esté a varios días de distancia, y el único modo de llegar hasta allí es protegiéndonos de los bichos.

—En ese caso, tendremos que dormir aquí —dice Amaz∞na mientras saca dos camas con dosel, mesitas de noche y un sofá con su lámpara de pie del interior de la pequeña faltriquera atada a su cintura, su inventario personal. Qué guay es ser un Cosmic con una cartera llena de cosmonedas. El refugio se convierte en una acogedora casita en un abrir y cerrar de ojos. Mi cara debe de ser un poema, porque la elfa-enana me mira y se excusa por semejante despliegue—: Hay que estar cómodos si vamos a pasar varios días en Beta, ¿no te parece?

Da igual que los Mobs espectrales intenten entrar; las paredes de hormitrón los mantendrán a raya hasta que vuelva a amanecer en el planeta, y entonces continuaremos la búsqueda del Tridente.

<La hipotética Corazoncito16>

Es viernes por la tarde y sólo falta una clase para que podamos colgar la mochila de la percha y olvidarnos del instituto hasta el lunes. Tenemos que darnos prisa por llegar al aula antes de que la profesora Menisco prohíba la entrada a los tardones. Alex y yo nos hemos retrasado por culpa de una miniexplosión química de la que *casi* no tengo culpa, y el camino desde el laboratorio es una carrera de obstáculos. Entramos en el último minuto de milagro. Dentro ya están los demás, con Rebecca en el centro del aula, rodeada de sus esbirros.

—¡Venga, di algo! —le implora Helena. Es la más simpática del Quinteto Borrego cuando está sola, pero si su líder está cerca, ni siquiera te mira a la cara—. ¡¡¡Seguro que lo sabes!!!

El resto de los pelotas le ruegan con la misma intensidad, pero Rebecca es una chica dura que no se deja presionar.

—Tenéis que entenderlo —responde con una extraordinaria condescendencia, como si fuese Cleopatra dirigiéndose a sus súbditos—: en el *hipotético* caso de que yo fuese la *hipotética* Corazoncito16, no podría revelarlo *hipotéticamente* antes de hacerme con el *hipotético* premio.

—Dudo que sepa qué significa «hipotético» —me su-

surra Alex al oído antes de ir a su pupitre. Los dos nos sentamos con la antena puesta en la conversación.

—¿Por qué? —le pregunta Rob—. ¡Todo el mundo quiere conocer a la Cosmic que encabeza la Competición! ¡Serías la persona más famosa del mundo! *Hipotéticamente*, claro —puntualiza a toda velocidad.

—Da igual quién vaya ganando: el premio es sólo para el vencedor definitivo, y nadie ha conseguido el último Tridente todavía. —El Quinteto Borrego asiente para hacerle la pelota—. Sería imposible vivir con cientos de periodistas persiguiéndome a todas partes, eso por no mencionar el peligro que correría... —Rebecca baja el volumen de la conversación, pero se le puede escuchar hasta la respiración—. El Usuario Número Uno es multimillonario, y cualquiera que se atreva a disputarle el puesto corre peligro *de muerte*. Seguro que Corazoncito16 no quiere arriesgarse innecesariamente... Si fuese yo, *hipotéticamente* hablando.

Rebecca les guiña un ojo de complicidad justo cuando la profesora Menisco entra en el aula y cierra de un portazo.

—Deje de pavonearse y siéntese de una vez, jovencita.

—Cada uno corre a su sitio antes de que se le ocurra poner un examen sorpresa. La anciana deja caer su maletín sobre el escritorio del profesor y coge la tiza para escribir unos ejercicios en la pizarra.

Pero a pesar de la interrupción, los esbirros de Rebecca parecen entender el guiño de su amiga y asienten muy preocupados (sin el «hipotéticamente»). Alex y yo nos cruzamos una mirada significativa: si se trata de multimillonarios, el padre de Rebecca no se queda atrás. Siempre se ha empeñado en darle todos los caprichos, desde un poni rosa (años de investigación genética para *esto...*) hasta un concierto privado de Miley Cyrus por aprobar todo el año pasado. Su decimotercer cumpleaños será dentro de unos días, y no sería descabellado que su padre también haya sobornado a Cosmics profesionales para que superen las pruebas por ella, todo para que su niñita mimada se convierta en una estrella mundial. Los Puntos de Experiencia le dan igual; lo único que quiere es ser famosa, y el Tridente de Diamante traerá la fama inmediata al avatar que lo consiga.

—Abran el libro por la página 262 y resuelvan el ejercicio en completo silencio —ordena Menisco con voz monótona—. Tienen cinco minutos.

La clase entera obedece sin rechistar mientras Menisco saca su tableta y se pone a trastear con ella. Llevo cinco minutos estrujándome los sesos con esta ecuación con más incógnitas que el universo, cuando de pronto cae un papelito en mi pupitre. Lo abro con cuidado de que la Menisco no me pille y reconozco la letra de Alex:

¡¡¡Rebecca es Corazoncito16!!! No para de mirar el móvil. ¡Seguro que está buscando el último Tridente ahora mismo!

Alex debe de estar furiosa para arriesgarse a lanzar una notita en medio de la clase de Menisco. Doy la vuelta al papel y escribo en boli:

¿Qué opciones tenemos?

1) Secuestrarla: efectivo, pero ILEGAL.☹

2) Quitarle el móvil: podríamos llamar la atención de la Menisco para que se lo confisque, pero sería inútil: seguro que tiene ocho móviles de repuesto en casa.

Le lanzo la notita y me responde enseguida:

R. y el Quinteto Borrego van esta tarde al centro comercial. Podemos seguirlos y salir de dudas.

¿Esta tarde? Es el único momento del día en que podemos salir del refugio de Beta, y no podemos desaprovechar la oportunidad. Pero, por otro lado, se trata de desenmascarar a nuestra principal rival en la Competición, y Rebecca tiene tanto miedo a que se desvele su identidad como nosotros. No estoy muy seguro de qué servirá seguirla, pero levanto el pulgar para darle el OK. Normalmente Alex es quien tiene las ideas sensatas. Si sirve de algo para frenar los pies a Corazoncito16 y adelantarla en la Competición, tenemos que intentarlo. De nada nos servirá volver a Beta si Rebecca y su papaíto están detrás del Tridente.

Las clases han terminado, aunque antes de ir al centro comercial tenemos que avisar en casa. Alex me deja su móvil para llamar a mamá, que recibe la noticia como si le hubiese tocado la lotería. Está convencida de que soy el chico más marginado del instituto.

—¡Disfruta, cariño! —exclama—. Cuánto me alegro de que te olvides de ese *TutiCosmos* por un rato y salgas a divertirte con tus amigos.

Por supuesto, omito que mi única amiga es Alex, la otra *margi* de clase, y que nuestro plan en el centro comercial consiste precisamente en desenmascarar a un avatar de MultiCosmos. Pero una media verdad no es una mentira, ¿no?

Rebecca y su pandilla se cambian de ropa en los baños del Nelson Mandela antes de ir al centro comercial. Se trata de unos grandes almacenes a menos de cien metros de distancia, pero el grupo se prepara como si fuese a la entrega de los Oscar. Rebecca incluso se pinta los labios y se hace la raya de los ojos para parecer mayor; de pronto me recuerda a una versión un poco más joven del avatar de Corazoncito16 y me reafirmo: hay que desenmascararla.

Los seis se ponen en camino, con Alex y yo pisándoles los talones sin llamar la atención. No se dan la vuelta ni una sola vez en el trayecto hasta el centro comercial, pero por si acaso caminamos con un periódico abierto por delante por si tenemos que escondernos de repente. La idea de los agujeros para los ojos ha sido mía.

Llegamos al centro comercial, un edificio de seis plantas repleto de tiendas de tecnología, moda, restaurantes y salas de cine. Su primer destino es precisamente éste; Alex y yo nos escondemos detrás de un tío del tamaño de un armario que se pone justo detrás de ellos en la cola. Esto de ser espías es dificilísimo.

—¿Cuál es tu plan? —le pregunto a Alex en voz baja—.

Porque no sé qué se te ha pasado por la cabeza, pero la idea del secuestro es *ilegal*.

—Es muy sencillo: cogemos prestado su móvil, abrimos la app de MultiCosmos y comprobamos en el perfil si ella es Corazoncito16.

—Ah, claro, muy fácil: «Hola, Rebecca, ¿qué tal? ¿Te acuerdas de nosotros dos, los compañeros de clase de los que te ríes todos los días? Estábamos pensando que nos podrías dejar tu teléfono un rato. Solamente para desenmascararte y revelar tu identidad a nivel mundial, nada más». ¿Qué puede salir mal?

—Vamos a cogérselo sin permiso, animalito —replica Alex—. Será un segundo, se lo devolveremos en cuanto confirmemos nuestra teoría.

Trago saliva. No quiero ni imaginar cómo reaccionará Rebecca si nos pilla robando su móvil; tenemos que estar preparados para que lance al Quinteto Borrego contra nosotros. Rob, de hecho, tiene los colmillos bastante afilados, y a Max le huele el aliento. Tiemblo sólo de pensarlo.

La cola de la taquilla se acorta y su grupo elige película al llegar a la ventanilla. Alex y yo agudizamos el oído para escuchar el título y los asientos elegidos. Hoy estrenan películas que me apetecen muchísimo, como *Jurassic Robot-World* o *Frozen 2: Ola de calor*, pero entre toda la cartelera no se les ocurre elegir otra que *Amor runner*, una peli romántica.

Dibuja e inventa un título para estos carteles de películas.

El grupo está tan atento a los tráilers que no nos ha visto entrar en la sala. La oscuridad puede ser el mejor aliado para la Operación Móvil Prestado, así que Alex y yo esperamos a que se apaguen las luces para entrar y sentarnos en la fila de detrás.

—¿Dónde está su bolso? —me pregunta en voz baja.

Descubro que lo tiene justo encima del reposabrazos. Aprovecho la distracción del comienzo de la peli para estirar el brazo. Rebecca suspira emocionada a cada ñoñería que suelta el prota.

Qué película tan cursi... ¡Y eso que sólo hemos visto cinco minutos! Si se lanzan besos al aire una vez más, voy a vomitar arcoíris. Mis dedos están acariciando la cremallera del bolso, cuando de pronto Rebecca lo coge para buscar algo dentro y lo deja en su regazo lo que queda de película. Oportunidad perdida.

Después de dos horas de pesadilla romántica, el grupo se dirige a una cafetería de la tercera planta para merendar. Piden batidos de oreo y tortitas con sirope, mientras que Alex y yo nos tenemos que conformar con una botella de agua porque nos hemos quedado sin dinero. Aprovechamos que las mesas están separadas con mamparas para elegir la de al lado y calibrar la situación.

—Han hecho una montaña con los bolsos —observa Alex, oculta detrás de la enorme carta del menú—. Creo que puedo conseguirlo.

Esta vez es ella quien pone en peligro su vida. Mientras parlotean sobre los preparativos para el cumpleaños de Rebecca, un acontecimiento demasiado guay para dos frikis como Alex y yo, mi amiga se contorsiona para introducir el brazo entre los hierros que separan las dos mesas. Por suerte, están demasiado distraídos como para reparar en ella.

Observo con la respiración contenida cómo abre la cremallera del bolso peludo de Rebecca y rebusca en el interior. Está a punto de conseguirlo; sin embargo, después de unos interminables segundos, Alex la cierra y vuelve conmigo.

—¡El móvil no está en el bolso!

Tengo que estirar el cuello y ocultarme detrás de las hojas de una planta para descubrir que Rebecca está más pendiente de su teléfono móvil que de sus amigos. De hecho, los seis están a medias entre la conversación y sus pantallas.

—Segundo fracaso de la Operación —confirmo.

Una hora después, se cansan de los batidos y salen de la cafetería en dirección a las tiendas de ropa del centro comercial. Alex y yo los seguimos a quince metros de distancia, y simulamos mirar los escaparates cada vez que parece que se van a parar. Rebecca arrastra a su pandilla a una tienda de complementos, a una zapatería y a una joyería. Parece unos años mayor que los demás, aunque quizá sea eso precisamente lo que pretende con su ropa y su actitud. Alex resopla cada vez que la ve probarse algo, pero nada supera la expresión de aburrimiento de Rob y Max, la representación masculina del Quinteto Borrego. Lo peor llega cuando Rebecca se detiene en la Boutique del Bikini, la tienda «Donde siempre brilla el sol». Desde nuestro escondite vemos a Rebecca descolgar media docena de combinaciones de las perchas y llevárselas al probador, mientras sus amigos caminan desorientados por el local como pollos sin cabeza. Ella es la única que tiene interés (o dinero) en comprar algo.

—¡Ésta es nuestra oportunidad! —exclama Alex, decidida a salirse con la suya. Nunca la he visto tan segura de sí misma—. ¡Vayamos a los probadores!

Estoy a punto de decirle que no es buena idea, pero ya me lleva a rastras, estirándome de la sudadera, hasta el fondo de la tienda, lejos de las miradas de los esbirros de Rebecca, que ya están hartos de una tarde de compras. La vemos un instante antes de meterse en el último probador. Alex se detiene y pone la típica cara de ladrona de bancos.

—Éste es el plan: hay un hueco por debajo entre probador y probador; voy a abrir su bolso desde la taquilla de al lado, y mientras tanto tú vigilarás que no venga nadie por el pasillo.

—¿Y si viene alguien?

—En ese caso... —ya se está yendo—, improvisa.

Alex camina sigilosa hasta el probador contiguo al de Rebecca y cierra sin hacer ruido. Yo me quedo en la entrada con aire de pasmarote, detrás de un perchero repleto de bikinis, mientras vigilo que ningún miembro del Quinteto Borrego se acerca. Por suerte, Rob y Max están más concentrados en el escaparate de la tienda de deportes de enfrente, mientras que Helena, Amanda y Jessica parlotean absortas en una conversación de chismorreos junto a las cajas registradoras y no tienen pinta de que vayan a moverse de allí en breve. Cruzo los dedos para que Alex consiga lo que se propone, porque si a uno de los amigos se le ocurre acercarse al probador, el único escondite sería la montaña de devoluciones, y no quiero imaginar las explicaciones que tendré que dar.

Los siguientes dos minutos son los más largos de mi vida. Echo un vistazo al pasillo y veo a Alex asomarse desde su cabina. Me dirige una mirada que lo dice todo: no ha conseguido coger el móvil. Está a punto de salir cuando de pronto se abre la puerta del probador de Rebecca y sentimos que el universo se hunde bajo nuestros pies. ¡Omg, nos va a pillar con las manos en la masa!

Alex salta para meterse de nuevo en su probador igual que un conejo a su madriguera, y yo me quedo como un panoli congelado en el pasillo. La puerta de Rebecca se ha abierto un par de palmos, y cuando creo que va a salir y no me queda tiempo para huir, asoma su mano por el hueco.

—¡¿Dónde estáis?! —grita histérica—. ¡Necesito vuestra ayuda!

Dudo que los faraones de Egipto hablasen con más prepotencia que ella a sus esclavos. Me quedo donde estoy, cruzando los dedos para que el Quinteto Borrego no la escuche desde su posición. Todavía no ha asomado la cabeza y es imposible que me haya visto. Pero en mi intento de retroceder piso una percha, que a su vez estaba enganchada a otras mil, y provoco un ruido digno de un concierto de timbales.

—¡¿Estáis ahí?! —protesta Rebecca—. ¡No puedo salir así, estúpidos! ¡Estoy probándome un bikini!

Si grita un poco más atraerá a sus amigos, y no hay nada que me convenga menos. Me acerco a su probador, rezo a la Madre Tierra y el Padre MultiCosmos para que no se asome y me vea, y respondo con los labios apretados:

—¿Qué pasa?

—¡Vamos, Max, que no tengo todo el día! —Rebecca se lo ha tragado. ¡Cree que soy uno de sus amigos! Su mano desaparece por el hueco de la puerta y reaparece con su bolso-mofeta—. ¡Cuídamelo, y más vale que no se caiga nada! El suelo del probador es un ascazo total, y no hay ningún gancho para colgarlo.

Rebecca me da el bolso sin mirar y cierra de un portazo. Por un instante no sé qué hacer, bloqueado con el bolso peludo en las manos, pero entonces Alex sale sigilosamente de su probador y me hace señales para que me dé prisa. Esto no puede estar pasando.

Abro el bolso (sé que es horrible lo que estoy haciendo, pero Rebecca se aprovechó de nuestra información para adelantarnos en la Competición. ¿Los jueces no tienen en cuenta estas cosas?) y miro dentro: tiene un pintalabios morado, polvo de ojos, un espejito, una botella de agua tibetana, un llavero de osito y un monedero con forma de corazón. Y entre todo eso, su flamante móvil de última generación. La mano me tiembla cuando por fin lo cojo.

Alex me apremia con la mirada. Por suerte no está bloqueado y se activa la pantalla principal (el fondo de pantalla es el actor de la peli de hoy; está claro quién la ha elegido) con un montón de iconos flotando. Paso de largo por el WhatsApp, las llamadas, las ocho aplicaciones relacionadas con la moda y por fin encuentro la app de MultiCosmos, reconocible por el logo del planeta con los cinco satélites alrededor. Compruebo que el Quinteto Borrego sigue disperso y pulso. La aplicación se abre al instante.

MultiCosmos me da la bienvenida. Alex y yo corremos a ver su última actualización, pero en vez de encontrarla buscando el Tridente de Diamante por los confines del universo virtual, comprobamos decepcionados que está en el planeta Limbo, el lugar de donde partimos todos los Cosmics cuando nos registramos. Intercambiamos miradas de desconcierto.

—¿Qué hace ahí? ¿Crees que el último Tridente está en...? —me pregunta Alex al oído. Está igual de sorprendida que yo.

Nunca se nos hubiese ocurrido que el tesoro más codiciado de MultiCosmos estuviese precisamente en el micromundo de partida. Eso sería como si el criminal más buscado del mundo se escondiese en las oficinas centrales de Interpol. Retorcido, pero efectivo. Estoy a punto de devolver el móvil al bolso cuando se me ocurre confirmar todo lo descubierto con la página de su perfil. Y ahí la sorpresa es aún mayor.

Alex y yo hemos dejado el bolso mofeta colgando de la puerta de su probador y hemos salido por patas.

La primera norma del criminal es abandonar la escena del crimen, pero cuando nos dirigimos a la salida del centro comercial, mi amiga se detiene en el escaparate de una librería y se pone a chillar al ver a través del cristal una foto de su autor favorito.

—¡No me lo creo! ¡Ha sacado nuevo libro! ¡Tengo que hacerme con él!

—¡Es sólo un libro! —le digo histérico—. Salgamos rápido de aquí si no queremos que Rebecca y sus esbirros nos vean.

—Será sólo un momento.

Entra en Tomo y Lomo a por su condenado libro ignorándome más que a un anuncio de YouTube. Yo me quedo fuera con los nervios a flor de piel mientras un grupo de chavales mayores se acerca por el pasillo. Visten unas camisetas negras demoníacas que mamá jamás dejaría que entraran en casa; además, llevan encima más cadenas que una carretera con nieve. La clase de chicos que no querrías encontrarte en medio de un parque, vaya, y vienen directos hacia mí.

No quiero problemas, así que me pongo a mirar el escaparate del comercio de enfrente como si me interesase muchísimo. De pronto reparo en que es una tienda de muñecas. ¡Arg! Ya es demasiado tarde.

La banda me rodea formando un corrillo. Yo tengo los ojos fijos en la Barbie Taxidermista con la esperanza de que pasen de mí, pero es inútil.

—Pero qué tenemos aquí... —Me giro para mirar al tío que habla. Es un macarra de nariz aplastada y la cara cubierta de acné, más apestoso que el vestuario del instituto—. ¿Estás coleccionando muñequitas, pequeñajo?

No sé por qué se parten de risa, yo no le encuentro la gracia. Trago saliva mientras intento salir del apuro.

—Prefiero los peluches de cerdos —replico—. Pensaba que tenía toda la colección, hasta que he visto que me faltabas tú.

Los macarras se miran contrariados mientras intentan comprender el significado de mis palabras, un proceso demasiado complicado para sus cerebros de nuez; seguramente tarden varios minutos en reaccionar. Pero no hay tiempo, ya que Rebecca y su pandilla han aparecido por el otro lado del pasillo en el momento menos indicado y se han parado en seco al verme. La pija me dedica primero su cara de superioridad habitual, pero se transforma radicalmente al reparar en los tíos mayores que me rodean.

Entonces Rebecca me saluda con un entusiasmo nunca visto (¿desde cuándo conoce mi nombre?), me dice que se alegra mucho de verme y se marcha a paso ligero con sus amigos; no para de volverse hacia mí y juraría que se ha sonrojado.

—¿Qué pasa? —pregunta de pronto Alex, que acaba de salir de la librería con una bolsa de plástico. Me había dejado solo y de pronto se encuentra con Rebecca y los suyos yéndose entre risitas, y a mí rodeado por un grupo de matones.

—¡Encantado de conoceros, chavales!

Agarro a Alex de la mano y echamos a correr rumbo a la calle. No paramos hasta llegar al parque que hay justo enfrente del Nelson Mandela, donde está nuestro banco favorito. Una vez hemos recuperado la respiración, y tras perdonar a mi amiga por abandonarme en un momento tan crítico, nos ponemos a comentar el bombazo informativo.

—¡No es ella! ¡Rebecca no es Corazoncito16!

—Sabía que era una fantasma —dice Alex, con una mezcla entre rabia y satisfacción—. Presume como si fuese la líder de la Competición, ¡pero no sabe ni crearse un avatar!

Ahora que estamos fuera de peligro, nos reímos por la aventura de esta tarde. Hemos estado muy cerca de que nos pillasen, ¡pero habría sido para nada! Nuestras sospechas eran infundadas: Corazoncito16 no es Rebecca, y seguimos completamente en blanco sobre su identidad. Lo único que sabemos es que vive en nuestra ciudad y que pertenece a nuestro instituto, pero hay más de quinientos alumnos matriculados. ¿Por quién empezar?

Nos conectamos a MultiCosmos desde el móvil de Alex para pasar el rato antes de volver a casa. Maldición, hay un nuevo Cosmic que ha conseguido el segundo Tridente, y es de esperar que la lista aumente con el paso de las horas. Tenemos que darnos prisa para resolver la pista y superar la fase final. Por suerte, la parte superior del Top se mantiene inalterable.

—No somos los únicos que estamos en blanco. —Alex consigue ver la esperanza hasta en el fondo de un túnel—. Ni Corazoncito16 ni los demás han conseguido el Tridente definitivo.

Todavía es de noche en Beta, así que el avatar de Amaz∞na continúa en el interior del búnker. A su lado puedo ver mi propio avatar, sumido en el sueño mientras estoy desconectado. Alex está a punto de apagar cuando levanta la vista del móvil y me pregunta con aire misterioso:

—¿Estás conectado ahora mismo?

—¿Cómo, si no tengo móvil?

Alex me pone su teléfono en la cara y me muestra mi propio avatar: éste tiene los ojos abiertos y me mira. Mi amiga abre rápidamente el panel de «Amigos» y selecciona mi nick; ahí lo dice claramente: «Conectado». Yo. Online. Ahora mismo, aunque la última vez que encendí el ordenador fue hace más de veinte horas.

—¿Cómo es posible?

—Puede ser un error —intenta justificar Alex, dubitativa.

—Es imposible: MultiCosmos no comete errores.

De pronto mi usuario se desconecta, pero no nos dejamos engañar; los dos lo hemos visto con nuestros ojos. Estaba conectado hasta hace un instante.

Entonces comprendo. Y estallo de rabia.

—¡Alguien está espiándonos desde mi propia cuenta! —La cabeza me da vueltas—. El espía no escuchó la pista en el comedor, ¡lo hizo suplantando mi cuenta!

Tengo una idea: con el móvil de Alex, cierro la sesión de Amaz∞na e inicio con mi usuario. Mi amiga observa por encima del hombro. A continuación, me dirijo al menú de «Mi cuenta» y busco «Actividad de sesión». Ahí se registran todas las conexiones de mi usuario desde el día que me di de alta, de la más reciente a la más antigua. Ahora mismo indica «Móvil de Alex» como dispositivo actual, desde donde estoy comprobando esto. Pero lo inquietante viene con la conexión anterior:

Fecha:	Lugar:	Dispositivo:
Hace 2 minutos	Instituto Nelson Mandela	Yayomóvil

—¡Repíxeles! —Es todo lo que alcanzo a decir.

Alex y yo levantamos la vista del móvil y contemplamos la fachada de nuestro instituto. Es de noche, pero todavía hay una luz encendida en el tercer piso, justo en el ala de los despachos de profesores. A través de la ventana vemos a la profesora Menisco, la auténtica Corazoncito16.

<La auténtica Corazoncito16 (de verdad)>

Las puertas del instituto no cierran hasta que terminan los entrenamientos en el patio trasero, de modo que cruzamos la entrada y llegamos al tercer piso sin encontrar resistencia. Abro la puerta del despacho de la Menisco sin llamar. La cara de la profesora es un poema.

—¿Es que no sabe que hay que pedir permiso antes de entrar? —me pregunta con su voz de ultratumba, todo sin perder la compostura. Está sentada a la mesa con un montoncito de exámenes delante. Por el rabillo del ojo veo que el Yayomóvil asoma por el cajón a medio abrir de su escritorio—. Si viene a pedirme su teléfono, ya puede ir olvidándose. Aprenda a comportarse como una persona normal.

—¿Como una persona normal...? —le pregunto. Alex aparece por detrás, para sorpresa de la Menisco. Casi hemos olvidado que estamos delante de nuestra profesora de matemáticas; sólo vemos a la mayor rival de la Competición—. ¿... O como un Cosmic?

A la profesora Menisco se le avinagra la expresión de la cara. Bingo: hemos dado en el clavo.

—No sé... de qué me habla, jovencito... —Le tiembla la voz. Demasiado tarde para esconderse.

—Yo creo que lo sabe muy bien... Corazoncito16.

Se produce un silencio gélido. Es como cuando Daniel me mete cubitos de hielo por la camiseta y de pronto me tiemblan las piernas. Si esto sale mal, no volveré a aprobar una asignatura del instituto.

Menisco lanza un largo suspiro y se levanta de la silla. Camina cojeando hasta el gran ventanal del despacho, con las manos a la espalda. Tiene la vista puesta en el horizonte cuando comienza a hablar:

—Piensan que no tengo edad para participar en la Competición, ¿verdad?

Alex y yo avanzamos un paso y entramos en el despacho. No me atrevo a responder, pero mi amiga sale en mi defensa.

—No se trata de eso, profesora. Cuando nos conectamos a MultiCosmos, todos somos iguales. Pero usted ha hecho trampas para conseguir dos tercios del Tridente de Diamante. Ha espiado el móvil de otro Cosmic para avanzar en el juego.

La anciana se vuelve lentamente y levanta una ceja. Es muy raro ver a Alex, la alumna aplicada, discutir con la Menisco. Más aún que lo hagan por MultiCosmos. ¿Qué será lo próximo? ¿Una gamba gigante que cae del techo y se pone a cantar villancicos?

—De acuerdo, lo admito: ustedes me ayudaron a conseguir el primer Tridente. ¡Pero yo no quería verlo! Tenía ese móvil confiscado sobre la mesa, y de pronto apareció una alerta de MultiCosmos en la pantalla. La leí de casualidad...

—La profesora Menisco se envuelve en su rebeca de lana,

como si le entrase frío sólo con recordarlo—. Luego descubrí que se trataba de la pista de la que hablaban todos los periódicos, y bueno... Me emocioné un poco. Yo también tengo derecho a jugar, ¿de acuerdo? Así que creé un perfil, diseñé mi avatar y cuando vi que se dirigía a Tuitonia, no dudé en seguirlo... sólo por curiosidad.

—¿Y se puso Corazoncito16 de nick? —Casi me sale una carcajada al pronunciarlo—. ¡Dieciséis, ni que fuese una adolescente!

—El dieciséis es mi número de la suerte, jovencito. No tengo que explicarlo todo.

Sólo necesito echar un vistazo a la decoración del despacho para comprobar de dónde viene lo de «corazoncito». Vale, lo del nick tiene explicación, pero se flipó un poco con su avatar de motera.

Entonces miro a mi alrededor y reparo en un mueble repleto de marcos de fotos. Entre instantáneas de vacaciones del Imserso y un diploma de la facultad, hay una foto antigua de una joven pelirroja muy atractiva... que sin embargo guarda un parecido extraordinario con la Menisco. Va a los mandos de una moto sidecar, con un chico gafotas montado al lado.

—¿Es usted? —pregunto boquiabierto. La chica de la foto no es tan diferente del avatar de Corazoncito16.

—No me distraiga, jovencito. —La Menisco se acerca hasta el mueble y tumba la foto. Está claro que no le gustan los fisgones—. Puede que me tomase alguna licencia al seguirlo hasta el final de Tuitonia... y menos mal, ¡porque su torpeza destrozó el planeta hasta dejarlo irreconocible!

—¿Hasta cuándo me van a recordar eso? —protesto, pero Alex me da un codazo para que la Menisco continúe con su historia.

—... Pero no me pueden negar que ser la primera en conseguir el segundo Tridente es mérito mío, y sólo mío —dice con el pecho henchido de orgullo—. ¡Reconocí la llave de los juguetes Troybol al instante! ¡Eran los de mi infancia!

«Hace cien años», digo para mis adentros.

—No me costó demasiado salir de esa sala llena de escaleras, y menos aún resolver el acertijo de los cofres. Fui campeona de Lógica en la universidad —recuerda con satisfacción—. Así que no me vengan con que no merezco estar donde estoy. ¡Resolví la segunda prueba antes que nadie! Aunque ahora... estoy bloqueada.

Menisco se deja caer en una butaca del despacho. Es un alivio comprobar cómo todos estamos igual de perdidos en Beta, aunque por un momento me alegro de que esta pista sea más complicada para nuestra profesora que para nosotros.

—No sería justo que ganase —dice Alex después de un rato de silencio—. Jamás habría empezado si no fuese gracias a nosotros dos.

—Sea honesta, jovencita —le suelta la profesora Menisco—, su compañero reveló la ubicación del primer Tridente a *todo* MultiCosmos, no sólo a mí. Por torpe.

—*Touché* —replica mi amiga y, a continuación, me dedica una mirada asesina.

—Tiene que prometer que no volverá a conectarse a mi

cuenta —le digo. No sé si es una orden o un ruego. ¡Es mi profesora!

—Y ustedes tienen que prometerme que no revelarán mi identidad —responde la Menisco. De pronto ha recuperado su autoridad y nos habla con el mismo tono que emplea en clase.

¡Claro, eso es lo que la asusta! Miles de periodistas detrás de la identidad de Corazoncito16, junto a todo tipo de rumores; Rebecca también, contando que el Usuario Número Uno haría cualquier cosa por deshacerse de su rival (y por «cualquier cosa» no se refiere a retarle a un duelo de MultiCosmos, sino a cosas más peligrosas de la vida real). ¡Normal que no quiera que nadie sepa quién es! Y de pronto, Alex y yo nos presentamos en su despacho sin llamar a la puerta y le soltamos la verdad a la cara. ¿Miedo, yo? ¡Ella está más asustada que nosotros!

—Hagamos un trato —propongo—: no se entrometerá más en mi cuenta. Eso es hacer trampas y va contra el espíritu de MultiCosmos. A cambio, mantendremos nuestras identidades Cosmics en secreto... Las de los tres. —La profesora Menisco asiente; mi ofrecimiento es bastante justo—. Y, por último, nos pondrá matrícula de honor en matemáticas.

—No se pase de listillo —me advierte—. Eso último, ni loca.

Tenía que intentarlo.

—Está bien: haremos lo demás, y el pacto no podrá afectar a su asignatura. Quien consiga el tercer y último Tridente, tendrá que hacerlo por méritos propios.

Le ofrezco la mano a la profesora. Me corresponde con un fuerte apretón que me pilla desprevenido. ¿Con qué mezcla su té? Alex pone la mano sobre las nuestras y sella el pacto de paz. Corazoncito16 seguirá en el anonimato, pero no podrá volver a espiarme. No a menos que quiera un millar de periodistas en la puerta y helicópteros sobrevolando su casa.

Alex y yo estamos a punto de salir del despacho cuando me detengo un segundo.

—Por cierto... También tiene que devolverme mi móvil.

Extiendo la mano, pero Menisco niega con la cabeza y sonríe maquiavélicamente.

—«El pacto no podrá afectar a su asignatura.» —Menisco repite mis palabras pronunciadas unos segundos atrás—. Le doy de plazo hasta que termine la Competición en señal de buena fe, jovencito. Pero si tarda un día más, sólo uno, haré que tenga pesadillas con las ecuaciones.

Un rato después, ya estoy en casa dispuesto a aprovechar los últimos minutos de luz de Beta, pero primero tengo que superar el interrogatorio de mamá.

—¿Lo has pasado bien? ¿Qué has hecho? ¿Con quién has ido? ¿A qué se dedican los padres de Alex? ¿Sabes qué periódico leen?

Uno nunca sabe dónde termina mamá y empieza la periodista. En cuanto esquivo su campo de minas, subo los escalones de dos en dos y llego al ordenador del desván, libre de hermanos. Enciendo e inicio sesión en MultiCosmos; mi avatar despierta en el interior del refugio, donde lo dejé el día anterior, ya que Beta no permite la salida forzosa. La elfa-enana sigue dormida, pero no hay tiempo que perder: retiro cuatro bloques de hormitrón de la pared y asomo la cabeza fuera del iglú para comprobar que todavía es de día en el planeta, y que no hay rastro de Mobs espectrales. Hemos desperdiciado cuarenta y cinco minutos de luz, pero disponemos de un rato más para buscar el Tridente de Diamante.

Mi cuerpo está a punto de salir del refugio cuando veo un vehículo volando de lado a lado de la pantalla. De pronto se detiene a poca distancia de nuestro escondite y un Cosmic salta del interior. ¡Repíxeles! Por si ese mono y esa gorra estampados de publicidad no fuesen suficientes para reconocerlo, el nick sobre su cabeza lo confirma: es el mismísimo Qwfkr, el Usuario Número Uno, que ya ha resuelto la pista del hormitrón y ha llegado a Beta. ¡Qué flipe! Mi primer impulso es ir a saludarlo, felicitarlo y pedirle un autógrafo. ¡Es el Cosmic más famoso del mundo! ¡Nadie ha superado tantos planetas de nivel Peligrosísimo! Pero cuando estoy a punto de salir a recibirlo, una mano enano-élfica me detiene.

—¡¿Qué haces, animalito?! —me grita Amaz∞na, que se acaba de conectar.

—Es el Usuario Número Uno. ¡Nunca lo había visto en persona!

Cuando digo «en persona» me refiero a compartir escenario cósmico, claro, no es que confunda la realidad con MultiCosmos. Amaz∞na me entiende perfectamente.

Qwfkrjfjjirj%r

Rellena el uniforme y su vehículo con todos los logos de marcas que puedas, con pegatinas o dibujados.

—Puede que sea el Usuario Número Uno, pero aquí es nuestro rival, igual que Corazoncito16, y te recuerdo que tiene muchos más recursos que nosotros dos. Qwfkr es quien más puede perder en la Competición, y no dudes que utilizará cualquier recurso para eliminarnos. ¿Cómo crees que ha conseguido tantos trofeos?

De pronto, un segundo Cosmic aparece por el oeste; su nick es Sidik4, está entre los primeros puestos del Top y tiene el avatar de una maga con chistera. Se mueve con mucha agilidad sobre el hormitrón, pero todavía no ha visto a Qwfkr. Tampoco a nosotros dos, que contemplamos la escena desde nuestro escondite. El Usuario Número Uno se oculta detrás de un muro semiderruido, saca algo del cinto y espera a que Sidik4 se acerque. Cinco segundos, cuatro, tres...

—¡¡Omg!! —grita Amaz∞na, apretándome el brazo con fuerza. Esto no se lo imaginaba ni ella. No podemos hacer nada desde nuestro escondite.

Sin embargo, Qwfkr no se da por satisfecho con su ofensiva: aprieta un botón de su mono y arroja un montón de clavos contra la maga. Pero ésta, que flota varios píxeles sobre el nivel del suelo, tiene buenos reflejos y repele el ataque con su varita de ilusionista. Qwfkr se hace a un lado para esquivar su propio hechizo, pero un clavo impacta en la pierna derecha y estalla en llamas. Entonces Sidik4 consigue sacar un objeto punzante de la mochila de su inventario, se pincha la cabeza para desinflarla y emprende la huida mientras la cabeza recupera su tamaño habitual.

Aun así, no consigue llegar muy lejos: cuando Qwfkr apaga el fuego de su pantalón, apunta a la maga con la mano y le lanza un láser púrpura. De la punta del dedo sale expulsado un fino torrente de luz fosforescente que deja un rastro de chispas a su paso. Amaz∞na me aprieta el brazo con tanta fuerza que creo que me lo va a arrancar, pero no me atrevo a decir ni pío; los dos reconocemos ese comando de ataque, aunque nunca nos hemos atrevido a lanzarlo contra nadie. Conocemos demasiado bien sus efectos; el rayo púrpura golpea a Sidik4 por la espalda, justo cuando estaba a punto de escapar. La Cosmic lanza un grito de sorpresa que se escucha desde nuestro escondite y nos pone los pelos de punta. A continuación, el avatar parpadea en la pantalla durante un par de segundos hasta que desaparece definitivamente, incluyendo el nick que flotaba encima de su cabeza, y donde estaba antes sólo queda un mensaje flotante: «Eliminada».

Qwfkr se da la vuelta. En su expresión no hay ni rastro de remordimiento. Mira alrededor en busca de algún testigo y, al no ver a nadie (Amaz∞na y yo no saldríamos de nuestro escondite ni por todas las cosmonedas del mundo), se marcha para continuar con la Competición, ahora con un rival menos.

La elfa-enana y yo, por desgracia, no tenemos tanta energía. Estamos boquiabiertos después de presenciar la escena y no movemos ni un dedo de nuestros respectivos avatares. No es hasta que el Usuario Número Uno desaparece de nuestra vista cuando Amaz∞na recupera el habla:

—La ha matado.

Necesito asimilarlo. Sidik4, la Cosmic maga, era la sexta en el Top de la Competición y uno de nuestros rivales con más experiencia. Por lo que he tenido tiempo de leer en los últimos días, es una egipcia veinteañera que ha ganado un montón de torneos de videojuegos en su país, donde es toda una celebridad. Cuenta con una legión de fans en el mundo árabe y no los había decepcionado al alcanzar el siguiente nivel. Pero su muerte lo cambia todo. Qwfkr ha cruzado la línea roja.

—Nada lo detendrá para conseguir el Tridente de Diamante. Ni siquiera matar a un Cosmic.

Si no fuese porque es tecnológicamente imposible, juraría que el avatar de Amaz∞na ha palidecido. La elfa-enana se sienta contra el muro de hormitrón y me mira con lástima.

—¿Ahora entiendes por qué nunca quiero usar armas? —comenta con rabia—. Sidik4 sólo estaba jugando. Es una heroína en su país y tenía tanta ilusión por ganar como los demás. ¿Por qué la ha matado ese miserable de Qwfkrjfjjirj%r? ¡¿Qué necesidad tenía?!

Mi amiga odia las armas. Aunque cuente con suficientes Puntos de Experiencia y cosmonedas para manejar las pistolas y las espadas más flipantes de MultiCosmos, siempre se ha negado a utilizar la violencia, por principios. Uno de los éxitos de su canal de vídeo es su empeño por enseñar otras alternativas a los Cosmics que adoran matar Mobs, y cree que se puede superar el reto de cualquier micromundo con ingenio en vez de sangre (aunque sea sangre virtual, claro). Por eso su flauta dispara dardos somníferos y no mortales, y sólo cuando no le queda más remedio.

Sé que la auténtica Sidik4 sigue viva delante de la pantalla de su ordenador sin secuelas por la muerte de su avatar. Podrá empezar de nuevo en el planeta Limbo y rediseñar su Cosmic, pero ha perdido los Puntos de Experiencia que había ido acumulando durante años, las cosmonedas de su cuenta corriente y hasta la chistera. Tardará mucho tiempo en recuperar el rango anterior, eso si alguna vez lo consigue. A ningún Cosmic decente se le ocurriría matar a otro Cosmic, y menos a traición. Tengo que reprimir las ganas de salir a luchar contra el asesino y darle su merecido, aunque mis armas serían inútiles contra las suyas y tendría el mismo final que Sidik4. Me siento imbécil; no debí confiar en un tipo que vive rodeado por un foso lleno de tiburones hambrientos.

Qwfkr ha tomado el camino del este montado en su nave, así que Amaz∞na y yo decidimos explorar el sur para no llevarnos más sobresaltos. Retomamos la búsqueda en medio de un silencio espeso, culpa de los últimos acontecimientos.

Media hora después tenemos que rendirnos, el sol está a punto de ponerse en Beta (... o la bombilla a punto de apagarse) y debemos construir un nuevo refugio antes de que los espectros hagan su aparición. Nuestra única satisfacción de hoy es la sorpresita que se llevará Qwfkr cuando los conozca.

—Otro día más perdido —le digo a Amaz∞na cuando coloco el último bloque del iglú. Al instante, empieza a sacar las camas de la faltriquera con la luz de la espada binaria.

—De eso nada; mejor di: un día más cerca del Tridente de Diamante.

No seré yo quien contradiga a una elfa-enana, pero a veces flipo con su optimismo. Me pregunto qué habrá pasado con Corazoncito16. Hace tiempo que no la vemos por Beta...

Si quieres continuar con tu avatar, dirígete a la página 198.

Si quieres seleccionar a Corazoncito16, sigue leyendo.

\<En busca del Tridente\>

En fin, que me entretengo y me quedan un montón de exámenes por corregir; no puedo pasarme todo el día conectada. Algún chico acabará dándose cuenta de qué hago con la tableta durante la clase y perderé la autoridad que me he ganado después de tantas décadas. Pero sólo estaré un poco más. Cinco minutos y apago. Estoy muy cerca del final.

Si ganase el Tridente de Diamante, si venciese en la Competición..., podría hacer lo que quisiese en MultiCosmos. Y no me interesan los Puntos de Experiencia ni el dinero, no; sólo lo que conlleva el triunfo. Me convertiría automáticamente en un referente para todos esos chavales sin motivación, y por fin cumpliría mi ambición secreta: poner de moda las matemáticas. El último que lo consiguió fue Pitágoras, y hace dos mil quinientos años de eso.

Pero primero tengo que ganar, y no está siendo nada fácil. Mi avatar está dentro de un refugio de hormitrón, protegida de los Mobs. Pero ya deben de haber regresado a su tubo, así que recojo un par de bloques y salgo al exterior. Hay que sacar el máximo provecho al breve día de Beta.

Mi motera pelirroja se pone a correr entre las ruinas. Espero que no quede ninguno de esos espantapájaros por aquí o tendré que plantarles cara. ¿Qué se habrán creído? Una profesora de instituto no se achanta ante un puñado de monstruos digitales. ¡Más les vale andarse con cuidado!

Mi estrategia consiste en mirar detrás de cada bloque de construcción, debajo de cada piedra. El Tridente de Diamante no puede esconderse eternamente, y si algo me han enseñado los años es a tener paciencia. Mi querido Rodolfo esperó diecisiete años para declararse; esos chicos están muy equivocados si creen que me voy a rendir por unas horas.

¡Recórcholis! ¿No hay alguien subido a ese muro de hormitrón? Voy a acercarme un poco más... Sí, es un avatar. Se llama Qwfkrjfjjirj%r... Me resulta familiar. ¿No es ese señor que sale en las noticias? Tendré que ir a presentarme. No quiero que nadie diga que soy una rival sin modales.

—¡Hola!

El tal Qwfkrjfjjirj%r gira el cuerpo y me mira de soslayo. Caray, su traje tiene más publicidad que un especial de Nochevieja. ¿Qué pasa que no me responde?

—Buenas tardes, caballero. ¿Qué tal le va... la Competición? —Es un gusto poder hablar por fin con un adulto, aunque sea cincuenta años más joven que yo—. Parece que los monstruos nos dejan en paz por un rato, ¿verdad?

El señor avatar salta del muro al suelo y comienza a caminar hacia mí. Está claro que me ha visto, así que no entiendo por qué no responde. Estoy a punto de preguntarle qué idioma habla cuando estira el brazo y su mano izquierda invoca una bola enorme de fuego. Qwfkrjfjjirj%r me dedica una sonrisa perturbadora un segundo antes de arrojarme la llamarada.

¡Salto a tiempo! Menos mal que las piernas de mi avatar son mucho más jóvenes que las mías, o no lo cuento. Qwfkrjfjjirj%r frunce el ceño e invoca otra llamarada, que no duda en arrojarme al pecho. Ésta me golpea de pleno, mi barra vital se consume hasta la mitad y me arroja al suelo. ¡Carámbanos! ¡Que alguien me ayude!

—¿Cómo se atreve? —Me levanto de un salto, furiosa. No sé cómo hago para sacar pecho, pero el caso es que mi avatar planta cara—. ¡Se va a enterar usted!

—Ja —me suelta el señor avatar (aunque cada vez me parece menor señor) y muestra unos dientes afilados—. ¿Qué me va a hacer una chavala como tú?

—¡¿Chavala?! —El desprecio me enfurece más todavía. Mi avatar saca fuerza de donde no imaginaba y crece por segundos. Qwfkrjfjjirj%r parece cada vez más pequeño.

El sábado por la tarde lo volvemos a intentar, exprimiendo cada uno de los noventa minutos de luz en Beta. Durante nuestra exploración, descubrimos que han llegado otros tres Cosmics al planeta, y sólo es cuestión de tiempo que uno encuentre el Tridente de Diamante y termine el juego. Pero, para bien o para mal, el Top permanece inalterable salvo por la eliminación de Sidik4 y el dichoso trofeo sigue bien escondido en cualquier rincón. Por lo menos, si nos hemos equivocado con la pista, lo hemos hecho todos sin excepción.

El domingo repito, aunque tengo que hacerlo solo porque Alex pasa el día fuera con su grupo de scouts. Intento convencerla de que se invente una excusa para quedarse con el ordenador, pero mi amiga ignora mis súplicas e insiste en desconectar de MultiCosmos por un día. A veces no la entiendo. El día acaba con el mismo pésimo resultado.

El lunes tenemos que volver a la rutina de las clases, pero con una novedad: ahora conocemos el secreto de Rebecca (no es Corazoncito16 en realidad, por más que se lo insinúe a sus pelotas) y de la Menisco (sí lo es, y no quiere que nadie lo sepa), y no podemos mirarlas igual que antes. Pero ni la profesora me libra de resolver los deberes de matemáticas, ni Rebecca sospecha que conocemos su mentira. Y lo más extraño es que ésta no ha dejado de mirarme durante las clases de la mañana, como si tuviese monos en la cara. Esas cosas ocurren en MultiCosmos (una vez estuve dos días enteros con un lémur colgado de la cabeza hasta que me lo quitó el tabernero de El Emoji Feliz), pero no en el instituto. ¿Qué mosca le habrá picado? ¿Sospechará que la espiamos en el centro comercial? Es imposible, fuimos más discretos que un camaleón en una fábrica de pintura.

A las siete de la tarde Amaz∞na y yo volvemos a meternos en la piel de nuestros avatares para salir a Beta en busca del Tridente de Diamante, pero el resultado es el mismo que los días anteriores. De vez en cuando nos cruzamos con algún Cosmic del Top, pero nuestra estrategia es escondernos en vez de luchar; casi todos tienen más PExp que yo y el combate sería igual que el de un elefante contra una hormiga.

En una de las ocasiones no reparamos en el Cosmic hasta que lo tenemos encima. De pronto aparece delante un ninja granate con sobrepeso llamado Spoiler. Amaz∞na y yo nos llevamos un susto de muerte. Ella aplica el comando de Crisálida Instantánea para protegerse de cualquier ataque, pero yo me quedo bloqueado sin saber qué hacer; ya no tengo tiempo para ocultarme detrás de un muro de hormitrón, y está claro que el ninja me ha pillado. No hay nada que pueda hacer contra sus miles de Puntos de Experiencia y su arsenal infinito. Casi puedo ver cómo saca la catana. Adiós al Tridente de Diamante. Fue bonito mientras duró.

Pero el tal Spoiler pasa de largo sin luchar. Sólo levanta las manos y nos da las buenas tardes, igual que si nos encontrásemos en medio de la ciudad (bueno, peor aún, porque yo no voy por la calle saludando a los desconocidos; claro que si me paseara por el Sáhara, que es lo más parecido al planeta Beta, quizá lo empezara a hacer). El ninja sigue caminando hacia el horizonte como si nuestro encuentro fuese lo más normal del mundo. Estoy asimilando la escena cuando la crisálida de Amaz∞na se hace añicos y sale a mi encuentro.

—¿No te ha atacado? —pregunta boquiabierta.

—Todavía existen los Cosmics buenos —digo sin creérmelo.

El ninja se aleja tan tranquilo, más preocupado por encontrar el Tridente que por nosotros.

‹Una bronca brutal›

El martes, sin embargo, se produce una novedad. Ya me había dado cuenta de que Rebecca estaba rara, como si hubiese confundido el agua con el pintaúñas, pero cuando me dirijo al baño, durante el recreo, la chica aparece de detrás de un árbol y me corta el paso. Hago un amago de pasar por su lado, pero me bloquea cada intento hasta que me rindo.

—Eh... Necesito descargar la vejiga, Rebecca. No te gustaría que lo hiciese aquí mismo.

—A ver, listillo, que aunque no hable nunca contigo, sé perfectamente quién eres.

La revelación de Rebecca me corta la respiración. Es la primera vez que me dirige la palabra en el instituto ¡y me suelta esto! ¿Cómo ha descubierto mi identidad Cosmic? ¿Es que su padre tiene contactos en el FBI?

—No sé de qué hablas. —Es un misterio de la ciencia por qué cada vez que miento siento un impulso irrefrenable de rascarme las orejas y mirar al suelo. Resulto de lo más sospechoso.

—Claro que sí. Siempre con esa chica, cuchicheando...

—Eh...

—... pero está claro que detrás de esa imagen de rebelde

se esconde un chico especial. Cuando el otro día te vi con tus amigos en el centro comercial, me di cuenta de lo mucho que molas.

—¿Cómo?

Ahora sí que estoy perdido. O Rebecca se ha vuelto loca, o acaba de decir que soy especial (y no en el sentido negativo, claro). Todo por un malentendido, porque yo sólo me junté con esos chicos mayores por accidente (y de poco no me tiran al contenedor de orgánicos). Estoy que no me lo creo, pero lo mejor es su cara, incapaz de mirarme a los ojos y roja como un tomate.

—Estaba pensando —continúa— que quizá... si no tienes otra cosa que hacer... podrías venir a mi fiesta de cumpleaños del próximo sábado. Irá todo nuestro curso y algunos chicos de un año más. Será la celebración más increíble. También puedes traer a tus amigos.

Ahora sí que flipo en colores. Llevo semanas oyendo hablar de la fiesta de cumpleaños de Rebecca, el acontecimiento social del año. Es la celebración sin alcohol más alucinante en mil kilómetros a la redonda, y los contactos de su padre atraen a invitados superfamosos. El otro día escuché a Max y a Rob decir que había contratado a ElMorenus, el *videotuber* más divertido-desternillante-sorprendente sobre la faz de la Tierra. ¡Es una ocasión única para conocerlo en persona! Tendría que estar loco para no querer ir, aunque la cumpleañera sea la tía más cabezahueca del universo (real y virtual).

—Gracias por invitarme. —A Rebecca se le ilumina la cara de la ilusión. Voy a tener que adoptar un aire más chulo si quiero mantener la imagen de chico rebelde que se ha formado de mí—. Bueno, ya iré si me apetece, claro. Mis colegas y yo tenemos un montón de cosas que hacer, ya sabes: grafitis y esas cosas. Intentaré convencerlos, pero no te prometo nada.

—¡Sí, por favor! Es muy importante que vengan. —Rebecca está a punto de irse (un alivio para mi vejiga), pero la expresión se le endurece para poner la puntilla final—. Sobre esa amiga rarita que tienes, Alex..., no hace falta que la traigas.

El comentario me pilla desprevenido. Si no voy con Alex, ¿a quién llevo? Rebecca me habla bajito, como si estuviese contándome una confidencia:

—Ya sé que vas con esa pringada para disimular en el instituto lo guay que eres..., pero no la necesitarás en mi fiesta de cumpleaños. Sería capaz de hacer el juramento scout en medio de la sala y armaría un jaleo porque no hay menú vegetariano. ¡Qué vergüenza!

—Está bien —respondo contrariado. Rebecca tiene derecho a invitar a quien quiera; seguro que Alex lo comprenderá cuando le diga que asistirá ElMorenus—. Iré yo solo... ¡Con mis colegas, quiero decir! —me corrijo rápidamente para aumentar la mentira—. Con todos ellos.

—Oh, gracias. Te espero allí el sábado a mediodía. ¡La fiesta durará hasta la noche! ¡Hasta lueguito!

Rebecca se marcha con su melena azabache y su ropa de marca, pero detrás de ella no está la puerta del baño, sino Alex, petrificada, con pinta de haber escuchado toda la conversación.

Intento decir algo, pero no me salen las palabras. Por algún extraño motivo me siento terriblemente avergonzado, como si hubiese hecho algo malo. Y la cara de Alex no me ayuda precisamente; ella, que siempre transmite tanta paz y tranquilidad, parece poseída por el mismo demonio. Están a punto de salirle culebras por los ojos.

—¿Has oído algo? —pregunto para tantear. Menuda estupidez: Rebecca habla con el volumen de voz de unos altavoces.

Alex podría chillarme, abofetearme, incluso sacar su flauta y lanzarme un dardo somnífero (bueno, esto sólo en MultiCosmos), pero en vez de explotar de ira, simplemente da media vuelta y se va. Intento detenerla y grito su nombre, pero es más rápida y la pierdo de vista entre los chicos y las chicas del patio del instituto. Genial. La he liado parda.

Alex no aparece después del recreo, y tampoco la encuentro en el comedor. Reaparece por la tarde, pero se gira cuando me acerco a ella y se aleja como si llevase la peste. La estrategia le funciona con la Menisco presente, pero la abordo en cuanto suena el timbre y nos dirigimos a las taquillas.

—¿Se puede saber qué mosca te ha picado?

Mi amiga prácticamente me da un codazo para librarse de mí.

—Lo sabes perfectamente.

—¡Yo no me he burlado de ti! Puede que lo haya hecho

Rebecca, pero ¿qué culpa tengo yo? ¿Es que ahora soy responsable de lo que dice una niña de papá?

Alex se detiene de pronto, se vuelve y me mira intensamente. La coleta casi me golpea en la cara y sus ojos parecen hogueras. ¡Y yo que tenía miedo de los Mobs espectrales!

—Eres increíble; serías capaz de afiliarte al Quinteto Borrego con tal de tener un segundo de fama. ¡Todo vale para ser popular, para que te acepten! Nunca imaginé que fueses así.

—¡ElMorenus va a asistir al cumpleaños! Es como el cometa Halley: una oportunidad que sólo se da una vez en la vida. ¡Tú habrías hecho lo mismo!

—Te equivocas, yo soy amiga antes que Cosmic.

Se marcha a paso rápido por la puerta del instituto.

—¡Espera, Alex!

Intento ir tras ella, pero es inútil: sus piernas de deportista me dejan atrás enseguida. Ya tengo suficiente con perseguirla por todo MultiCosmos como un perrito faldero. No tengo la culpa de que, por una vez, sea a mí a quien quieran. Se le pasará, y si no quiere ser más mi amiga, ¡que se fastidie! El sábado podré hacer nuevos amigos en la fiesta. ¡Ya vendrá a pedirme disculpas!

Cuando por la noche me conecto a MultiCosmos, después de conseguir que mi hermano se levante de la silla a cambio de ordenar su habitación, Amaz∞na ya no está en el interior de nuestro refugio de hormitrón. Un agujero en la pared confirma que se ha ido. Tampoco hay rastro de las mesas, los sillones ni las camas de dosel, y mi avatar se ha despertado durmiendo en el suelo. Salgo al exterior de Beta frotándome la espalda.

Está bien; si Alex quiere que sigamos nuestros caminos por separado, mucho mejor para mí, así no tendré que compartir el premio con ella. Los telediarios no volverán a hablar de «Amaz∞na y *otro*», sino que mostrarán mi nick con mayúsculas y luces fosforescentes. ¡Tendríamos que haberlo hecho así desde el principio!

Todavía queda una hora de luz para investigar, así que me pongo manos a la obra. Con un ojo vigilo a los Cosmics rivales y con el otro me dedico a buscar una pista del Tridente de Diamante; de vez en cuando veo algún rival a lo lejos, pero nos ignoramos mutuamente. Bastante tenemos con superar un nivel a todas luces imposible. Ni rastro de la elfa-enana.

Después de dar un montón de vueltas, reconozco mi fracaso y me rindo. Construyo un iglú en la nueva localización y echo un último vistazo al mapa, cada vez más desarrollado gracias a mis exploraciones y a las de Amaz∞na. Sin embargo, este mundo ruinoso es un desierto yermo, y acabaremos todos locos antes de desbloquearlo.

El miércoles repito la exploración con idéntico resultado. Después de sumar otro día perdido a la Competición, conecto con la emisión de TeenWorld y confirmo mis sospechas: Amaz∞na ha regresado a los estudios para reanudar la grabación semanal de su programa. Es la primera vez que la elfa-enana está seria durante la emisión de *La Hora de Amaz∞na*; ni una sola sonrisa. Apago el ordenador con una sensación extraña en el estómago.

Lo mismo ocurre al día siguiente; aprendo un montón de comandos nuevos (Ctrl + Q para hacer la croqueta debajo de los Mobs, Alt + 22 para convertir la holopulsera en un detector de metales), pero el Tridente sigue tan escondido como siempre. Compruebo que los otros Cosmics han descubierto la debilidad de los Mobs y copian nuestros iglús para llegar más lejos, pero si todos nos expandimos por el mapa... ¿por qué nos chocamos constantemente? Tengo una teoría: abro la *Guía Imprescindible de MultiCosmos* y busco información sobre geografía. Después de un montón de datos respecto a las galaxias, los tipos de planetas y los niveles de dificultad, hay un epígrafe que se titula «Planetas expansivos»:

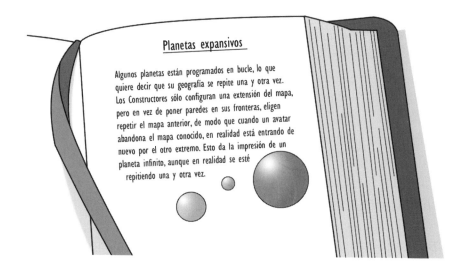

Planetas expansivos

Algunos planetas están programados en bucle, lo que quiere decir que su geografía se repite una y otra vez. Los Constructores sólo configuran una extensión del mapa, pero en vez de poner paredes en sus fronteras, eligen repetir el mapa anterior, de modo que cuando un avatar abandona el mapa conocido, en realidad está entrando de nuevo por el otro extremo. Esto da la impresión de un planeta infinito, aunque en realidad se esté repitiendo una y otra vez.

¡Conque era eso! Llevamos días recorriendo el mapa en bucle, entrando por un extremo y saliendo por el otro. Echo una ojeada al mapa holográfico y confirmo mis sospechas: cuando localizo una pequeña elevación del terreno, ésta se repite idéntica en todas direcciones. Mis pasos no han explorado más límites de Beta, sino que han repetido el mismo terreno hasta el aburrimiento. ¡Qué tonto he sido! Me dan ganas de contárselo a Alex, pero de repente recuerdo que no nos hablamos. Estar enfadados es un asco.

Me pregunto si los otros Cosmics lo sabrán. Yo nunca me había visto con un planeta expansivo, pero dudo que sea la primera vez que Qwfkr pisa uno. Sólo que si Beta es un planeta mucho más pequeño de lo que pensábamos al principio, estoy perdido. ¿Dónde está el dichoso Tridente de Diamante, si en este lugar no hay más que desierto y bloques de hormitrón?

<Las dos fiestas de cumpleaños>

El sábado es el gran día. Si yo estoy que no salgo de mi asombro por conocer en breve a ElMorenus, mamá y el abuelo están más emocionados que yo ante la perspectiva de la fiesta de cumpleaños. Mamá prácticamente me ha obligado a comprarle un regalo a Rebecca, aunque como gasté toda mi paga mensual en el centro comercial, sólo me queda dinero para una caja de chicles picapica. El chino del bazar no me ha querido dar el tíquet regalo.

No estoy muy seguro de cómo vestirme para la ocasión, así que acabo poniéndome encima los vaqueros y la sudadera de siempre. Mamá se ha ofrecido a llevarme en coche, y la expectación por el evento es tal que el abuelo y Daniel se ofrecen voluntarios para acompañarla.

—Puedo ir a pie. Está a sólo diez minutos.

—A mí no me cuesta nada llevarte, cariño. Y tu hermano y tu abuelo están encantados de venir.

—Lo que queréis es ver la fiesta —protesto. Si los chicos del instituto descubren que tengo que ir acompañado, se reirán de mí hasta final de curso. Además, mamá tiene un interés profesional: no quiere perder detalle de qué ocurre en la fiesta.

Al final me acompañan los tres en coche, aunque los convenzo para que me dejen en la esquina anterior. Aun así, no puedo evitar que mi hermano se haga un selfi en la puerta como si fuese uno de los invitados, todo para que la chica que le mola la vea en su perfil.

Desde la manzana ya se veían coches apelotonados y un montón de gente esperando a entrar en la casa. ¿Casa? ¡Esto es una mansión! Consigo hacerme hueco entre los fotógrafos y los curiosos y llego hasta el acceso principal. Antes de que el segurata me eche, saco la invitación del bolsillo y la sostengo en el aire a modo de escudo. Él la coge de un latigazo y la lee con una ceja levantada.

—Éste es el acceso VIP, así que deja sitio para la gente importante. Tú tienes que entrar por la puerta trasera. —Y me señala un camino secundario alejado de la multitud. Prácticamente me echa antes de que llegue el siguiente invitado.

De camino a la puerta trasera me encuentro con otros compañeros del instituto que no sé ni cómo se llaman, pero que tienen aspecto de estar tan perdidos como yo. Después de un riguroso chequeo (están prohibidos los teléfonos móviles para evitar filtraciones) conseguimos entrar en la fiesta, aunque, por lo visto, Rebecca la ha organizado de tal modo que los compañeros del Nelson Mandela estamos separados de la fiesta de verdad. En el jardín trasero sólo se escucha la música de lejos y la bebida se sirve sin hielo. Falta un vigilante para que nos sintamos igual que en el patio del instituto.

Rebecca no viene hasta un par de horas después, vestida como una princesa y con los brazos cubiertos de pulseras. Parece que se lo están pasando muy bien en la fiesta de verdad y no oculta sus prisas por volver al otro lado. Ni siquiera ha concedido el privilegio de la zona VIP al Quinteto Borrego, que se vuelca a su alrededor para preguntarle por todos los detalles. ¡Están encantados de estar en la Zona Muermo!

—ElMorenus es divertidísimo. He salido de fondo en un vídeo —dice, presumiendo como un pavo real—. ¡Y me ha felicitado!

Su padre le ha pagado por venir a la fiesta de cumpleaños. ¡Habrá tenido suerte si no se ha equivocado de nombre al felicitarla! He visto suficientes vídeos de ElMorenus como para imaginar lo que opina de las tontas como ella.

—¿Vamos a poder conocerlo? —le pregunto. Es la primera vez que hablo desde que he llegado al cumpleaños.

—¿Vosotros? —Rebecca suelta una risotada. El Quinteto Borrego le ríe la gracia, aunque eso signifique admitir que son tan escoria como yo—. No tiene tiempo para saludar a *cualquiera*. De hecho, se ha tenido que ir para grabar un anuncio de televisión. Por cierto, ¿dónde están tus amigos?

Le doy mi regalo envuelto y me voy sin responder. Estoy harto de esta fiesta de cumpleaños, de Rebecca y de sus amigos. ¿Por esta bazofia me he peleado con Alex? Soy un cretino al haber renunciado a su amistad por pisar el mismo suelo que ElMorenus. Me arrepiento muchísimo de haber venido, como si alguna vez pudiese encajar entre gente como ésta.

Salgo del jardín trasero y me despido del segurata. Lo

último que escucho al llegar a la calle es el grito agudo de la cumpleañera:

—¡¿UNOS CHICLES?!

—¿Ya has vuelto? —me pregunta el abuelo en cuanto pongo un pie en el recibidor. Hay que ver lo bien que funciona su sonotone—. ¿Qué tal ha ido la fiesta?

—Fenomenal —le miento.

El abuelo me lee con sus rayos X; intuye que algo ha ido mal, pero me conoce demasiado bien como para saber que hay momentos en los que uno prefiere estar solo.

Voy directo a mi habitación y hundo la cabeza en la almohada. Me siento el chico más imbécil de la Tierra... ¡Qué digo!: del universo, o mejor dicho, del cosmos. De todos los cosmos. Hay que ser idiota para confiar en una mentirosa como Rebecca. No sólo he hecho el ridículo yendo a la versión Muermo de la fiesta, sino que encima he perdido a una amiga, a mi única amiga, por su culpa. ¡Normal que Alex se enfadase! ¿Cómo no la defendí cuando esa niña de papá se burló de ella? Alex no es como yo, jamás consentiría que nadie se metiese conmigo. Es buena por naturaleza. ¡Si es incapaz de matar a un Mob hormiga!

No sé cuánto tiempo paso en la cama, pero para cuando miro la hora en el reloj despertador, ya es de noche. De pronto me acuerdo de la Competición. Todavía quedan unos minutos de luz en Beta, aunque me había olvidado del Tridente de Diamante por completo. ¿Me dará tiempo a intentarlo? Casi no tengo ganas, pero las oportunidades son muy pocas y no tendré ocasión de volver a intentarlo hasta dentro de casi veinticuatro horas. Con un poco de suerte veo a Amaz∞na y le pido disculpas por haber sido un tonto PRO. Subo al desván y enciendo el ordenador con desgana.

Mi avatar se despierta en el iglú de hormitrón que construí el día anterior. Recojo los bloques y salgo al aire libre, donde todavía hay luz. Me quedan cinco minutos.

Ahora ya sé que el mapa se repite en bucle, así que cambio de estrategia: en vez de avanzar hacia el infinito, me centro en el terreno original y busco cualquier alteración sospechosa. Tiene que existir alguna pista, algún indicio... Los Masters no nos arrojarían a un juego sin solución, pero llevamos más de una semana aquí y seguimos igual que al principio.

Presto mucha atención a las ruinas, cuya superficie entera está fabricada de hormitrón. Además, hay restos de muros y columnas repartidos por los cuatro puntos cardinales, aunque ninguno que destaque sobre los demás. Una vez veo un montículo que no recuerdo haber visto hasta hoy, pero cuando retiro un bloque de la pared, encuentro a Corazoncito16 durmiendo dentro.

Podría eliminar al avatar y reducir la lista de rivales, pero no tendría nada de divertido. Además, todavía quiero aprobar matemáticas. Vuelvo a colocar el bloque de hormitrón en su sitio y la dejo descansar.

Suena el clic que apaga la luz y nos envuelve la oscuridad habitual. Pocos segundos después se escucha el ruido de los Mobs espectrales a lo lejos. Ya tengo experiencia construyendo refugios, así que esta vez no tardo ni quince segundos en cobijarme. Los Mobs se estrellan frustrados contra la pared y escucho sus silbidos de protesta afuera, donde no me pueden atacar.

Otro día de Beta que llega a su fin, con tan poco éxito como los anteriores. Estoy a punto de apagar el ordenador cuando escucho una llamada de auxilio. El grito retumba en los auriculares hasta casi dejarme sordo.

Retiro el dedo del botón de «Desconectar» y espero a escucharlo de nuevo, pero no se oye nada. No es que sea experto descifrando gritos, pero juraría que tenía el timbre exacto de una elfa-enana, y sólo conozco un híbrido de esta especie: Amaz∞na. Trago saliva. Si ha pedido auxilio es porque está metida en serios apuros. No puedo apagar el ordenador como si nada e irme a dormir. Vale, ya no somos amigos, pero lo éramos hasta hace menos de una semana.

Espero unos segundos más. ¡Ha gritado de nuevo! Ahora estoy seguro: Amaz∞na se ha metido en un lío y necesita ayuda urgente. Pero ya es de noche en Beta y las cosas se han puesto muy feas ahí fuera. Saco mi espada binaria, quito un bloque de la pared y salgo al exterior sin pensármelo dos veces.

Fuera me esperan una docena de Mobs espectrales con una sonrisa llameante. Levanto el arma para dejarles claras mis intenciones.

—¿Quién quiere que afile la espada con su careto?

¡Zas! ¡Fus! ¡Zas! En un minuto me he deshecho de la mitad de mis enemigos y la otra mitad huyen despavoridos.

A treinta megapíxeles de distancia distingo una nube oscura de espectros, concentrados sobre una figura tendida. ¡Omg! ¡Tiene que ser Amaz∞na! ¡Espero que no sea demasiado tarde!

Jamás he corrido más rápido ni luchado con más fuerza. La espada binaria convierte a los espectros en nube de polvillo sin perder ni un solo ♥ y consigo liberar a Amaz∞na antes de que se produzca un final fatal. La elfa-enana se queda boquiabierta al verme aparecer detrás de los monstruos y salvarla de la muerte, como si no me imaginase capaz. El reencuentro es bastante tenso, y no por los Mobs precisamente. Se supone que ya no somos amigos, y no hay ninguna *Guía Imprescindible de la Amistad* que explique qué decir en estos casos. Sólo se me ocurren dos palabras:

—Lo siento.

—Gracias. —Es todo lo que alcanza a decir.

Los dos nos quedamos callados durante lo que parece una eternidad, hasta que su avatar rompe el hielo y me propina un emotivo abrazo, con fuerza de enana y sensibilidad de elfa. Me quedo tieso sobre el suelo de hormitrón.

—Es la primera vez que me abraza una chica que no es mi madre —le confieso.

—Yo soy un avatar, así que no cuento.

He tenido que ir hasta la fiesta de Rebecca para comprender lo mucho que me importa mi amiga. Cuando llegué al instituto y no conocía a nadie, ella fue la única que se acercó a hablarme. Cuando nadie quería sentarse conmigo en el comedor, ella trajo su fiambrera con *hummus* y repollo para hacernos compañía. No es sólo la primera vez que me abraza una chica, es que ni siquiera había tenido un amigo hasta que conocí a Alex. No pienso volver a perderla jamás.

La llegada de una nueva horda de Mobs espectrales nos corta el rollo y nos obliga a levantar las armas. El resultado es bastante decepcionante, ya que mi espada necesita unos minutos para recuperarse y a Amaz∞na no le quedan dardos que disparar. Podríamos sacar más arsenal, pero la barra vital de mi amiga está casi a cero, y no aguantaríamos ni un minuto.

—¡Construyamos un iglú! ¡Rápido! —le digo.

Amaz∞na y yo nos ponemos manos a la obra. Mientras ella levanta un muro a nuestro alrededor, yo reduzco a los Mobs que saltan sobre nosotros. Las cosas son muy distintas cuando se colabora, y aunque quede feo decirlo, los dos formamos un equipazo.

—¡Ya casi lo tenemos! —grita Amaz∞na mientras coloca los bloques del techo del iglú.

Está a punto de cerrar el refugio por completo cuando algo sale mal. Uno de los espectros más pequeños se ha colado por el orificio y me muerde la pierna con saña. Amaz∞na se olvida de sus teorías proteccionistas y se pone a golpearlo con su faltriquera, que aunque parece minúscula y ligera, no hay que olvidar que contiene un inventario más completo que los almacenes de Amazon. Antes de que consiga eliminarlo, otros dos Mobs espectrales se han colado por el mismo hueco y se disponen a atacar. Sólo queda una solución.

—¡Tenemos que cavar! Los monstruos no se atreverán a cruzar el hormitrón.

La elfa-enana pone a trabajar su pico de metal mientras yo me ocupo de resistir el ataque de los Mobs. Actuamos tan deprisa que, sin darnos cuenta, nuestros avatares cada vez están más hundidos en el suelo. Cuando ya estamos a suficiente profundidad, sumidos en la oscuridad más absoluta, coloco un par de bloques de hormitrón sobre nuestras cabezas para impedir el avance de los Mobs y aislarnos por completo.

—¡Ya puedes parar de cavar! —le digo a Amaz∞na. Estamos seguros. Puede que nuestro escondite sea bastante estrecho e incómodo, pero por lo menos estamos a salvo.

—¿Qué has dicho? —El ruido del pico golpeando el hormitrón ha amortiguado mis palabras—. ¡No te oigo, estoy cavando!

Amaz∞na no para de cavar hasta que su pico choca contra el aire; ya no hay nada debajo de nuestros pies y caemos a una cámara subterránea.

‹EpicFail›

Caemos de culo. Lo primero que hago es mirar hacia arriba para confirmar que los espectros no nos siguen. Parece que los hemos burlado, aunque estamos en un lugar desconocido donde podría haber peligros mucho mayores. Nuestros avatares se pegan de espaldas para protegerse por todos los flancos en lo que nos recuperamos del susto. Mientras calibramos la situación, Amaz∞na se pone a morder un rábano para recuperar ♥; la circunstancia es tan extraordinaria que necesito el alimento más importante del mundo: el chocolate. Rescato la última bolsa de M&M's Crispy de mi escondite secreto del desván y me pongo a zampar para aplacar los nervios. Mi avatar roe un muslito de pollo mientras tanto; mis dos yos, el virtual y el real, tenemos que coger fuerzas para enfrentarnos a la fase final.

Una vez recuperados, echamos un vistazo al lugar. Hemos llegado a una cámara subterránea del tamaño de un campo de fútbol, bastante alta y cubierta de hormitrón por todas partes. Por lo menos no debemos temer a los Mobs espectrales. Aun así, paso de confiarme: si el Tridente de Diamante está cerca, también lo estará EpicFail, el monstruo más peligroso de MultiCosmos. Y no se le conoce punto flaco.

—¿Qué sitio es éste? —pregunta Amaz∞na a mi lado, intrigada por la decoración.

La sala parece el trastero de un loco, o la guarida de un monstruo con síndrome de Diógenes. Hay un montón de objetos variopintos que a priori no tienen relación entre sí: estatuas repetidas, algunas tumbadas e incluso rotas; muñecos articulados; camisetas con mensajes graciosos... Al principio no entiendo nada, hasta que mi cerebro hace clic y empiezo a hilar las ideas.

—¡Son los memes de internet! ¡Los iconos de todas las bromas cibernéticas! —digo satisfecho de mí mismo. A veces tengo unas ideas tan buenas que no me lo creo—. No falta ninguno: el velocirráptor filósofo, el plátano bailarín, la ardilla dramática...

Necesitamos unos minutos para recorrer la sala y recordarlos todos. Algunos ni siquiera nos suenan de tan antiguos que son. Una capa de polvo virtual prueba que nadie ha bajado hasta aquí en mucho tiempo, lo que explica el estado de abandono de los memes.

—Estamos en un cementerio, no hay ningún meme actual; aquí es donde abandonan los que ya han pasado de moda.

Amaz∞na tiene razón: la sala está repleta de grandes hitos virales, pero ninguno sigue en activo. Nunca me había parado a pensar adónde los enviaban después de pasar de moda, pero con todos los que son, tenían que conservarlos en algún sitio. Parece que los han acumulado aquí desde hace décadas, y somos los primeros en visitarlos.

Nos ponemos manos a la obra para buscar el Tridente de

Diamante, si es que está aquí. Amaz∞na empieza por un lado y yo por otro. Estoy repasando los recovecos de una estantería atiborrada de antiguallas de internet cuando una silueta se cierne sobre mí y me roba la luz de las antorchas.

—Me haces sombra, Amaz∞na.

—¿Qué dices? —replica desde la otra punta de la estancia, a varios megapíxeles de distancia—. Si estoy...

Cuando la elfa-enana levanta la vista para dirigirse a mí, su cara se transforma por completo. Pasa del no-sé-de-qué-me-hablas al omg-qué-repíxeles-es-eso, y, por último, PONTE-A-CORRER-YA. Yo me giro lentamente hasta que lo veo sobre mí: un monstruoso Mob tres veces más alto que yo, con tentáculos en lugar de brazos y piernas, y tres cabezas sobre el tronco.

—¡WTF! —grito, y aunque no sé qué significa, suena muy apropiado para este caso. Por fin tengo el gusto de conocer a EpicFail.

Las tres cabezas del bicho rugen al unísono. Una de ellas se estira hasta apretar sus dientes a dos píxeles de mi cara, y es cuando comprendo que la única opción es huir. Me lanzo a la carrera empujando estatuas, bustos y estanterías, mientras EpicFail me pisa los talones. Consigo llegar de milagro al otro extremo de la sala, pero choco contra la pared de hormitrón. Desenvaino la espada binaria inútilmente, pues ha decidido tomarse un descanso y no hay quien la active. A continuación, levanto mi pico de cavar, pero se ha roto la punta. ¿Por qué tengo tan mala suerte? El Mob arrastra su cuerpo deforme hasta mí y sus tentáculos me empotran contra el muro. La cabeza del centro se acerca a mi cara y me suelta su fétido aliento. Sus fauces se abren y me muestra tres hileras de dientes. Los tentáculos me hacen tanto daño que mi barra vital se queda en ♥♡♡♡♡ antes incluso de probar su mordisco.

—¡Ni se te ocurra tocarlo!

Amaz∞na ha saltado sobre el monstruo y ata dos cabezas con una cuerda. El ataque ha pillado por sorpresa a EpicFail, pero lo bueno no dura demasiado: se sacude como un perro mojado y arroja a la elfa-enana por los aires. Sus cabezas consiguen romper el nudo y se ponen más furiosas todavía que antes. Mamaíta... El monstruo se lanza al contraataque, embiste a la elfa-enana y la lanza contra la llama Ola ke ase, que explota en mil pedazos. Coge carrerilla para una segunda embestida, pero dudo que Amaz∞na la aguante: los espectros de arriba casi la matan y ahora está al mínimo de vida. Tengo que ir en su ayuda.

—¡Aquí, bicho!

EpicFail se gira a tiempo de ver llegar mi espadazo. El arma está desgastada y se romperá en pocos golpes, pero no me queda otra si quiero salvar a mi amiga. Le asesto unos cuantos mandobles y estocadas, mientras el Mob chilla de ira. Por suerte, Amaz∞na consigue escapar de los tentáculos y ponerse a cubierto; después saca una poción reparadora del inventario y se la bebe rápidamente para ganar ♥.

Ahora el problema lo tengo yo, pero no hay mucho que pueda hacer con una espada de juguete. El monstruo arroja un tentáculo sobre mí y el impacto deja un agujero en el suelo donde estaba yo hace una milésima de segundo. EpicFail vuelve a rugir, y aunque mi holopulsera no cuenta con un diccionario monstruo-humano, puedo imaginar que no me lanza piropos precisamente. De repente, logra agarrarme del tobillo y me levanta sobre sus cabezas.

Aun así, no he llegado hasta aquí para que un bicho feo me trague sin masticar. Estoy dispuesto a aguantar hasta el final, aunque caiga en combate. La espada binaria se mueve por el aire como un moscardón y consigo hacer que el Mob pierda el equilibrio en varias ocasiones. Pero sus cabezas están demasiado altas para mí, y sus tentáculos se regeneran cada vez que los corto de un tajo limpio. Estoy a un golpe de morir.

—¡Eres un error de internet! —le grito para cabrearlo—. ¡Has pasado de moda! ¡Ya nadie se acuerda de ti!

Sus tres cabezas aprietan los dientes, sus ojos están inyectados en sangre. Si la voy a palmar, que sea a lo grande.

Entonces escucho a Amaz∞na por los auriculares.

—¡Me obligan a apagar el ordenador! —me grita mi amiga. Miro la hora del ordenador: las 22.05. Ya ha pasado el toque de queda, y en su casa cumplen los horarios como una estación de trenes suiza—. ¡Me tengo que ir!

—¡¿Cómo te vas a desconectar ahora?! —le chillo—. ¡¿Es que no ves que este monstruo va a matarme?!

—¡Me va a caer la bronca del siglo!

De golpe pierdo la conexión con Amaz∞na. Por el rabillo del ojo veo cómo su avatar ha caído en un sueño profundo: Alex se ha desconectado de MultiCosmos justo en el momento más crítico de la historia. Es como si Neil Armstrong hubiese vuelto a la Tierra para dar de comer al perro justo cuando estaba a punto de pisar la Luna. ¿Cómo voy a luchar yo solo contra el Mob? Por si no fuese suficiente con la deserción de mi amiga, la voz de mamá llega desde escaleras abajo:

—¡Ve apagando el ordenador! ¡Último aviso!

¿Desde cuándo el último aviso es el primero? Esto empeora por segundos. ¡No puedo dejar la partida a medias! ¡EpicFail devorará nuestros avatares en cuanto desconectemos!

Le propino un golpe tan fuerte en el entrecejo que consigo librarme del tentáculo y esconderme detrás de una estatua, pero el monstruo es demasiado fuerte y la figura queda aplastada como una loncha de salami. Ahora sólo quedamos él y yo. Miro a mi alrededor en busca de algo que me sirva de ayuda, pero no hay nada que pueda contra el Mob más peligroso de MultiCosmos. Le arrojo un montón de plátanos bailarines a las cabezas, pero eso sólo sirve para cabrearlo más.

Entonces la cabeza del centro cae en picado sobre mí y sus colmillos se enganchan a mi ropa para levantarme del suelo. Las otras cabezas se relamen ante el bocado que están a punto de degustar. Casi puedo oler su aliento desde la butaca del desván, pero entonces...

La cabeza que me tenía cogido retrocede asustada y me arroja al suelo (de culo, para variar). Las otras dos se ciernen sobre mi avatar, pero se golpean entre sí y me miran incrédulas. Entonces se retiran aterradas, moviendo los tentáculos hacia atrás para alejarse. ¿Qué está pasando?

Con tanto forcejeo, la cremallera del traje se ha abierto hasta el ombligo y ha dejado la malla al descubierto. Primero creo que es eso lo que ha asustado al Mob, pero cuando me fijo mejor descubro que todavía llevo puesta la chapa de seguridad que birlé para colarme en *La Hora de Amaz∞na*, y eso es precisamente lo que los tres pares de ojos miran aterrados. La sujeto no sin cierta incredulidad: sólo es un logo con un simple gatito, lo más inocente del universo. Me la quito y apunto con ella a EpicFail, para comprobar que el monstruo ruge aterrado y se encoge contra la pared.

—¿Te da miedo un gatito? —No doy crédito a lo que veo. Le acerco la chapa un poco más, con idéntico resultado.

Está tan asustado que sin querer derrumba las reliquias a cada paso que retrocede; casi lo siento llorar (si es que un Mob puede hacerlo)—. ¡Un gatito! ¡Ja!

Si reacciona así con una chapa, no quiero ni imaginar su reacción ante los millones de vídeos de gatitos que invaden la red. ¡Claro, ahora lo entiendo! Los felinos son los reyes de internet por excelencia. Su popularidad es imbatible desde el principio de los tiempos, y han sobrevivido a cada meme y viral de moda.

Éste es un cementerio de viejas glorias, incluido EpicFail. ¡Los gatitos representan todo lo que no es él, y son su máximo rival y enemigo!

Levanto la holopulsera para acercarla a los labios y doy una simple orden: «Gatitos». Al segundo aparecen millones de resultados, y la lista crece hasta el infinito. Proyecto un holograma delante de EpicFail y lo obligo a mirar. Las imágenes empiezan a pasar a toda velocidad: hay gatitos disfrazados de ranas, gatitos dentro de zapatos, gatitos que tocan el piano, que luchan con una espada láser, gatitos presumidos, gatitos sobre el teclado del ordenador, gatitos que trolean a gatitos... En resumen, una infinidad de mininos monísimos y achuchables que ni con siete vidas tendría suficiente para verlos todos. EpicFail se contorsiona de dolor, mientras su cuerpo mengua y mengua ante la visión de cada nuevo felino. Se le han ido las ganas de matarme. ¡Ja! Al fin he descubierto el punto flaco del Mob más peligroso. ¿Quién es el mejor Cosmic del universo? ¿Quién se va a hacer con ese Tridente de Diamante? ¿Quién va a conseguir el arma invencible? ¡Universo 0, yo 1!

Mi alegría se viene abajo cuando el monstruo detiene su rugido y su cuerpo deja de encogerse. De repente, los tentáculos vuelven a ponerse en funcionamiento y uno me agarra de la pierna. ¡Repíxeles, ha dejado de funcionar! Un anuncio ha interrumpido la escena. «Adquiere una cuenta PRO para disfrutar de la holopulsera sin publicidad.» Entonces comienza a sonar una canción de Tina Moon en medio de la sala. Esto no me puede estar pasando.

Nuestra historia de amor
necesita filtro de Instagram.
Cuando te pido algo más
no es una solicitud de amistad.

La próxima vez que escuche esta canción voy a arrancarme los pelos de las cejas. Pero basta de lamentaciones. Los gatitos han desaparecido sepultados por la publicidad y el bicho ha perdido el miedo. Enseguida me agarra y se prepara para engullirme directamente. Vale, fue bonito mientras duró. Estuve a punto de pasar a la historia de MultiCosmos, pero tendré que conformarme con contarles esta historia a mis nietos. Adiós, micromundo cruel.

EpicFail se relame pensando en el bocado que está a punto de tragar cuando un golpe inesperado lo tira al suelo y me lanza a mí por los aires. Una vez me repongo de la caída, veo que Amaz∞na ha regresado en el momento más oportuno y ha proyectado una red sobre EpicFail. Levanto el pulgar en señal de agradecimiento.

—¡Estoy conectada con el móvil debajo de las sábanas! ¡Como me pillen, estoy muerta!

—¡Lo ibas a estar de todos modos por culpa de este bicho!

La red no contendrá al Mob por mucho tiempo, así que salto sobre él y le asesto un espadazo definitivo. El golpe provoca un fogonazo de chispas sin igual, y por un momento creo que el arma ha vuelto a estropearse en el momento menos indicado, hasta que las cabezas, el tronco y los tentáculos de EpicFail se transparentan y se convierten en ceros y unos. Hay más cifras que en una clase de mates.

—¿Qué está pasando?

—Es el código binario del Mob —responde Amaz∞na, que siempre tiene respuesta para todo.

—¿Binario? ¿Eso no es mi espada?

—También, animalito. *Todo* MultiCosmos está construido con unos y ceros.

—Ya lo sabía —miento, pero suena muy poco convincente. La verdad es que no tenía ni idea. Y todavía no me lo creo del todo... ¿Sólo con unos y ceros? Tienen que ser muy pequeñitos para que no los haya visto nunca.

Ahora da igual. EpicFail se ha esfumado y un tridente ha aparecido en su lugar.

Para ser más exactos, un Tridente de Diamante, con un «3/3» grabado en la superficie.

El Tridente de Diamante más flipante que he visto en mi vida. Con sus tres tercios. Nos ha costado horrores encontrarlo.

La elfa-enana se acerca por el otro lado. El Tridente flota entre los dos, a la espera de su ganador. Hemos llegado hasta el final de la Competición, los primeros en conseguirlo. La mayor hazaña que jamás nadie haya superado en la red. Ni siquiera Qwfkr ha llegado tan lejos, y eso que tiene casi diez años de experiencia. Sólo de pensar en el trillón de PExp que nos esperan me entran escalofríos. Más un arma invencible contra todo Cosmic. Y la réplica real de diamante, tan valioso que nos hará asquerosamente ricos. No sé cómo le voy a explicar esto a papá y a mamá. Jamás se creerán que lo he ganado con la tapa de un yogur.

—Si uno de los dos toca el Tridente, será automáticamente el ganador —dice Amaz∞na, visiblemente emocionada—. Y aquí no hay sitio para segundones.

—En ese caso... —Mi mente privilegiada se pone a pensar—, habrá que partirlo en dos, y que cada uno toque su parte al mismo tiempo.

—¿Cómo lo vas a partir en dos, bruto? Tenemos que repartir el botín. Este momento tenía que llegar.

Los dos contemplamos el Tridente de Diamante con ojos hambrientos. Ninguno está dispuesto a ceder.

—Podría cogerlo yo y mencionarte en el discurso —propongo, a ver si cuela.

—Sí, claro, pero tendrías que matarme primero.

Ninguno está dispuesto a ceder. No en vano es el mayor trofeo de la historia de MultiCosmos. Mientras, mamá me apremia desde la planta baja para que apague el ordenador. ¿Es que no se puede tomar una decisión así en silencio?

—Hace un rato me salvaste la vida... —empieza a decir Amaz∞na.

Ya sé por dónde va, y no voy a consentirlo.

—Tú me has salvado también la vida —replico—. Nos hemos salvado tantas veces la vida en los últimos días que ya no sé si soy un Cosmic o un bombero. No sigas por ahí.

La elfa-enana pone los ojos en blanco. Siempre dice que no la escucho hasta el final.

—Sé lo importante que es este trofeo para ti. Aparte del dinero y del arma, el ganador se hará famoso. Y no ha sido justo que los periodistas no te hayan mencionado: yo no habría llegado hasta aquí sin ti.

—Bueno, los dos...

—Te propongo un trato: tú tocas el Tridente y te proclamas ganador...

—¡No es justo! ¡Sin ti no hubiese llegado...!

—... y mi avatar se queda con el arma invencible —concluye por fin Amaz∞na, poniendo los brazos en jarras.

—¿El arma, tú? ¿Pero no estabas super-en-contra de la violencia y bla, bla, bla? ¡¿Es que ahora vas a participar en duelos?!

Esto sí que me pilla desprevenido. De todos los escenarios que imaginé, el único con el que no contaba era que Amaz∞na se quedara con el Tridente. Suena a locura, pero ha hablado con mucha claridad.

—Si quiero el Tridente invencible es precisamente para que nadie lo pueda utilizar jamás, ni siquiera tú. Es un arma demasiado poderosa para que esté en manos de los Cosmics.

—¿Cómo? ¿Vas a quedarte el arma más poderosa de MultiCosmos para tenerla... cogiendo polvo en tu inventario? Es una locura.

—Pero es mi locura —responde Alex, satisfecha con su idea—. Es el trato que te ofrezco: tú te llevas la gloria y yo me quedo el arma. ¿Aceptas?

No tengo que pensarlo mucho: el éxito me espera. Además, seguro que si me pongo pesado, consigo que me preste el Tridente de vez en cuando.

Levanto la espada binaria y la arrojo con fuerza contra el trofeo brillante para hacerme con él.

La espada choca contra el Tridente, un rayo sacude a mi avatar de arriba abajo y la pantalla del ordenador se pone en blanco. No hay sonido de trompetas, no hay luces de neón. Sólo un texto sencillo en oro con las palabras más increíbles que he leído nunca.

¡ENHORABUENA!
Has conseguido el Tridente de Diamante

```
Reto superado al 100%
```

Planeta Aa
Galaxia Madre
Modo: ¿?
Cosmics conectados: 3

‹Los Masters›

¿Dónde estoy? ¿Qué ha pasado?

Mi avatar lee la enhorabuena en la pared blanca, pero ya no estoy en la cámara subterránea de EpicFail, ni Amaz∞na me acompaña. Me encuentro en un lugar extraño, más blanco que un anuncio de lejía. El corazón me da un vuelco al comprobar mi ubicación en la holopulsera: estoy en la galaxia Madre, concretamente en el planeta... Aa. Sí, Aa es el nombre, no es que esté pensando con la boca abierta. Trago saliva. Sé perfectamente qué lugar es éste, igual que lo conocen los millones de Cosmics que navegan por MultiCosmos. Pero lo más increíble es que nadie ha podido entrar jamás, las puertas están cerradas desde su creación. Y sin embargo, estoy dentro.

Estoy flotando sobre una plataforma con el dibujo del logo de MultiCosmos. No puedo avanzar ni retroceder, me siento como una mariposa dentro de una jaula de cristal. Al menos puedo dar volteretas en el aire, aunque lo único que conseguiría sería marearme y no quiero vomitar.

—Bienvenido a nuestro planeta, Cosmic.

Una voz femenina resuena en la sala y me obliga a mirar hacia arriba. Lo que veo casi me tira al suelo del susto: tres Mobs gigantes, con aspecto humano y túnicas blancas, me miran desde fuera, como si yo fuera un pececillo de estanque. Las caras de esta especie de dioses griegos me resultan familiares, pero no sé de qué. Los gráficos son brutales, y a pesar de la pantalla vieja del ordenador del desván, puedo apreciar detalles como arrugas o pelos que en otros Mobs son impensables. Si no fuese porque estoy en MultiCosmos, creería que estoy viendo personas de verdad. El genio que los haya diseñado tiene que ser un artista del píxel.

—Acércate, por favor... —me pide la mujer de cabello rizado. El tono de su voz me envuelve como una nana, y su sonrisa termina de convencerme—. Estábamos impacientes por conocerte.

—¿A mí? ¿Quiénes... o *qué* sois? —pregunto. No sé si me tengo que arrodillar, chocarles la mano o sacar la espada para defenderme. Esto debe de ser lo que llaman «protocolo»—. Hace un momento estaba en Beta, luchando contra un bicho feísimo, y luego, ¡plim, plam!, aparezco aquí sin saber cómo.

—Has aparecido porque eres el ganador, y nosotros somos los Masters. Bienvenido a Aa.

El que habla es un negro con pelo cano y aire aristocrático. Entonces caigo en que, a pesar de ser gigantes como titanes, no son Mobs. ¿En qué estaba pensando? Sus nicks flotan sobre sus cabezas igual que con el resto de los Cosmics. Casi me pongo a chillar cuando leo los nombres: la mujer de la voz angelical es GOdNeSs, el aristócrata es Mr Rods, y el tercero, el más joven con la nariz como un pepino maduro, es el mismísimo Mc_Ends, el creador del hormitrón. Son tres de los cinco cerebros de MultiCosmos, los programadores más famosos de la historia. Hace años que desaparecieron sin dejar rastro para refugiarse en un paraíso secreto y disfrutar del anonimato (y de la pasta). En todo este tiempo no ha habido nadie que los haya encontrado física o virtualmente, y de pronto yo estoy frente a ellos, como si nada. Me están entrando sudores fríos.

—A ver... No soy el ganador. ¡No sólo soy yo, quiero decir! —intento explicarles. Su expresión se mantiene inalterable, como estatuas de piedra. Estatuas muy molonas, por cierto—. Alex y yo queríamos repartirnos el premio. Alex no, Amaz∞na. Bueno, son la misma persona. ¡Es igual!, me estoy haciendo un lío. El caso es que yo quería...

—Felicidades por tu hazaña —dice Mc_Ends. Su voz, igual que las demás, resuena en la sala. Estos Cosmics son XXL—. Cuando decidimos crear la Competición, tuvimos dudas sobre quién se haría con el premio. Lo más probable era que lo hiciese un avatar experimentado, aunque...

—... lo imprevisible es maravilloso —continúa G0d-NeSs—. Nos hace muy felices que el ganador, y nuevo Usuario Número Uno, sea un Cosmic primerizo.

Nuevo Usuario Número Uno. Yo. Si hasta hace dos minutos no era más que un marginado en el instituto. Bueno, sigo yendo al instituto, ¡pero ya no seré más un marginado!

—No soy exactamente primerizo: llevo dos años registrado, pero hace poco la pifié cuando se me ocurrió visitar el Valle de la Muerte, Menisco me pilló el móvil y...

—Vayamos a lo principal. Al Cosmic lo que es del Cosmic. Toma tu premio.

Mr Rods abre la palma de la mano y enseguida brotan decenas, cientos y miles de Puntos de Experiencia. Nunca había visto tantos juntos. Entonces me apunta con el dedo índice y todos caen sobre mí. Mi marcador de puntos se infla como un pavo en Navidad hasta alcanzar el trillón, la puntuación más alta de todo MultiCosmos. Un trillón y pico, para ser exactos. El pico son los puntos que tenía hasta ahora.

—¡Gracias! Oye, este sitio es un flipe. ¿Vosotros vivís aquí? —Los Masters me sonríen con amabilidad, aunque creo que no me van a responder—. ¿Puedo traer a mi amiga?

—Ya tienes el Tridente invencible en tu inventario, y muy pronto recibirás en casa la réplica de diamante. —Los Masters son muy simpáticos, pero pasan bastante de lo que les digo—. Tu nombre acaba de entrar en la historia de Multi-Cosmos, de ti depende que tu vida siga siendo normal o cambie por completo. Si aceptas un consejo..., usa tu nuevo poder con responsabilidad.

Los Masters empiezan a desvanecerse. Al principio creo que están desapareciendo, pero enseguida comprendo que soy yo el que se marcha del planeta Aa.

—¡Esperad! ¡Necesitáis la dirección de mi casa para enviarme el Tridente! ¿Tenéis boli para apuntar? ¿Podríais contarme secretos de MultiCosmos?

La pantalla se oscurece por completo y abandono Aa definitivamente. ¡Con la de preguntas que han quedado en el aire! ¿Podré volver aquí? ¿No faltan dos Masters fundadores? ¿Qué privilegios me dará mi nuevo rango? En serio: ¡¿NO ERAN CINCO MASTERS?!

Escribe tu nick con letras recortadas de periódico.

Ganador del Tridente de Diamante

Un misterioso Cosmic de nuestra ciudad se ha hecho con el trofeo más buscado de los últimos tiempos, después de una dura competición en la que se han enfrentado los jugadores más experimentados del mundo. El ganador, un usuario del que se desconoce su identidad real, es desde el sábado el Usuario Número Uno, poniendo fin a la hegemonía de siete años de Qwffarjfjirj%r. Hay cientos de marcas interesadas en patrocinar al nuevo campeón y prácticamente todos los medios de comunicación buscan la entrevista exclusiva, pero este usuario se mantiene en silencio y todo parece indicar que seguirá siendo anónimo. La decisión quizá esté motivada por la experiencia del anterior Usuario Número Uno, que a pesar de su fortuna, tiene que vivir con altas medidas de seguridad y es acosado por la prensa. Queda por ver cuál será el primer paso del ganador, además de decidir en qué gastará la fortuna que vale la réplica del Tridente de Diamante. Estén atentos, vecinos. Nuestra ciudad tiene un nuevo héroe.

Después de cinco horas delante del ordenador, anoche conseguí poner punto final a la redacción de la profesora Menisco; no sólo me ha devuelto el móvil del abuelo, sino que además me ha puesto un diez y ha propuesto el trabajo para el periódico del instituto (mamá está superorgullosa). Al principio no se me ocurría nada interesante sobre las matemáticas, pero cuando he descubierto que el código binario, con sus unos y ceros, es el esqueleto de MultiCosmos y de todo internet, la redacción de «Las matemáticas son importantes para mí porque...» me ha quedado brutal. La profesora estaba impresionada. También me ha felicitado por mi victoria en la Competición, aunque me ha dicho que Corazoncito16 no se rinde y enseñará ecuaciones en algún planeta de conocimiento. He conseguido escabullirme de su despacho antes de que me pidiese consejo.

Es lunes por la tarde y suena el timbre del final de las clases en el instituto Nelson Mandela. Alex y yo cruzamos el parque como un día cualquiera, aunque esta vez vuelvo a tener conmigo el Yayomóvil. Me habría gustado que me recibiesen con gritos de hurras y pancartas, pero la realidad es bastante más aburrida: tengo que preservar mi identidad Cosmic en secreto, y eso implica seguir siendo un pringado. La fama no es algo de lo que sólo puedas quedarte con lo bueno, y no tengo ganas de que me persigan hasta en el lavabo. Justo cuando salimos del parque, pasa a nuestro lado una furgoneta de TeleTres. La ciudad está llena de periodistas buscando cualquier pista sobre mí, pero nadie repararía jamás en dos chavales de primero de secundaria.

—¿Estás segura de tu decisión? —Es la décima vez que se

lo pregunto a Alex, pero no quiero que se equivoque. Su idea es una locura—. Piensa que luego no podrás rectificar...

—Estoy absolutamente decidida. Somos un equipo, ¿no? —me recuerda, y tengo que asentir. No habría conseguido el trofeo si no hubiera sido por su ayuda—. Y dado que tu trillón de PExp es intransferible, lo justo es que yo decida qué hacer con la réplica del Tridente de Diamante.

—Ya, pero... ¡si al menos te la quedases tú! Y me dieses un pellizco de la pasta, claro... —Que por intentarlo no sea.

Alex niega categóricamente con la cabeza. Es la chica más cabezota que conozco.

—¿Cómo explicaría tener el Tridente de Diamante en mi casa? Y cuando lo vendiese, ¿dónde metería todo ese dinero? Estamos en el instituto, ¡no nos hace falta esa fortuna, animalito! Sin embargo, la Reserva Natural de Elefantes Huérfanos de Kenia lo necesita mucho más que nosotros. ¡Siéntete orgulloso de tu acción!

No estoy seguro de que tanta generosidad me consuele, pero debo admitir que habría sido un problema explicar el origen del premio sin revelar nuestra identidad; no es normal que dos chavales se presenten en el banco con un diamante de tropecientos quilates.

Los cuidadores de la reserva de elefantes van a flipar cuando les llegue el donativo anónimo, suficiente para mantener la Fundación durante los próximos cien años. Yo, que ya soñaba con un palacio con foso de cocodrilos y un estadio olímpico con mi nombre, tendré que conformarme con la aburrida vida del instituto y pelearme con mi hermano por el ordenador. Tampoco me puedo quejar: todavía tengo que descubrir todo lo que puedo hacer con un trillón de Puntos de Experiencia; seguro que no hay planeta, objeto ni reto que se me resistan. Hasta ElMorenus cogerá turno para conocerme.

Bueno, lo cierto es que sí me he hecho un pequeño autorregalo antes de hacer el donativo, una cosa insignificante: ahora soy usuario PRO. Ya no tendré que esperar horas y horas para viajar en el Transbordador, dejaré de preocuparme por el espacio del inventario y podré pagar mis consumiciones en El Emoji Feliz. Voy a necesitar mucho zumo de pantone. La aventura de MultiCosmos sólo acaba de empezar.